U0532160

"没话找话"指南

The
SERIOUS
BUSINESS
OF
SMALL TALK

Becoming
Fluent, Comfortable
and Charming

[加] 克萝尔·弗来明 著
CAROL FLEMING

袁婧 译

后浪

广东旅游出版社
GUANGDONG TRAVEL & TOURISM PRESS

中国·广州

图书在版编目（CIP）数据

"没话找话"指南/（加）克萝尔·弗来明著；袁婧译. —— 广州：广东旅游出版社，2022.9
书名原文：The Serious Business of Small Talk: Becoming Fluent, Comfortable and Charming
ISBN 978-7-5570-2796-4

Ⅰ.①没… Ⅱ.①克… ②袁… Ⅲ.①语言艺术—通俗读物 Ⅳ.① H019-49

中国版本图书馆 CIP 数据核字 (2022) 第 108060 号

Copyright © 2018 by Carol A. Fleming
Copyright licensed by Berrett-Koehler Publishers
arranged with Andrew Nurnberg Associates International Limited

本书简体中文版权归属于银杏树下（北京）图书有限责任公司。
图字：19-2022-109

出 版 人：刘志松	选题策划：后浪出版公司
著　　者：[加]克萝尔·弗来明	译　　者：袁婧
出版统筹：吴兴元	责任编辑：方银萍
编辑统筹：王頔	特约编辑：俞凌波
责任校对：李瑞苑	责任技编：冼志良
装帧设计：墨白空间·李国圣	营销推广：ONEBOOK

"没话找话"指南
MEIHUAZHAOHUA ZHINAN

广东旅游出版社出版发行
（广州市荔湾区沙面北街 71 号）
邮编：510130
印刷：天津中印联印务有限公司　　开本：889 毫米 × 1194 毫米　1/32
字数：190 千字　　　　　　　　　印张：7.25
版次：2022 年 9 月第 1 版　　　　 定价：45.00 元
印次：2022 年 9 月第 1 次印刷

后浪出版咨询(北京)有限责任公司　版权所有，侵权必究
投诉信箱：copyright@hinabook.com　　fawu@hinabook.com
未经许可，不得以任何方式复制或者抄袭本书部分或全部内容
本书若有印、装质量问题，请与本公司联系调换，电话 010-64072833

目 录

引言 你好吗？ 1

第一部分 基本原则

第 1 章 为什么需要闲聊？ 9

第 2 章 我们该怎样改变？ 21

第 3 章 为什么"说废话"这么难？ 31

第 4 章 闲聊的入门指南 37

第 5 章 "ARE"守则：锚定、表达、鼓励 51

第 6 章 只需要说：你好，里奥 71

第 7 章 社交生活从零开始 75

第 8 章 变得更有魅力 81

第 9 章 变得更有意思 91

第 10 章 变得富有吸引力 99

第 11 章　你想吃点五香坚果吗？　105

第 12 章　变得更易亲近　111

第二部分　变成流利、轻松且更有魅力的闲聊高手

第 13 章　嗨，我的名字是……　125

第 14 章　用餐、饮酒、四处走动　139

第 15 章　礼貌的奥秘　149

第 16 章　男性与女性：交流风格的冲突　155

第 17 章　我要怎么脱身？　169

第 18 章　你在说话时暴露了什么？　175

第 19 章　怎样把孩子培养成流利、轻松且富有魅力的闲聊高手？　183

第 20 章　闲聊和手机，就像油和水　199

结语　闲聊也许比你想得更重要　207

参考资源　217

参考文献　223

关于作者　227

引言　你好吗？

真高兴见到你！

我叫克萝尔·弗来明。

作为一名沟通教练，我的工作是帮助人们更好地学会表达。

感谢你出现在这个研究闲聊的世界里。

我能告诉你一些知识、建议、故事、例子、惊喜，以及一点儿不太中听的话。

那么你想……

我猜，你一定想知道怎样才能从寒暄闲聊过渡到交谈主题。你一定见过精于此道的人，他们的闲聊是那么轻松且富有魅力，你想变得像他们一样。也许你没有机会学习这些技巧（它们确实是可习得的），或是过去练习不够多，但现在你已经准备好了。

练习的动机至关重要，因为你需要在想法和行为上做出一些改变才能成功。对很多人而言,这是一件具有挑战性的事。此时此刻,你可以思考一下,自己的目的是什么?为此接受挑战是否值得?如果你依然对此抱有兴趣,请给我几分钟时间,之后随我"纵身一跃"。

关于闲聊,打动我的是下面这三件很重要的事(希望它们也能打动你):

1. 人们在建立联系(社会层面与职业层面)和构建群体的过程中需要闲聊。

2. 它是一种备受忽视的沟通形式,很多聪明人认为,闲聊浅薄且没有价值。

3. 人们从不认为闲聊是一种需要学习、练习和改进的沟通手段。

这就能解释,为什么每个人都说自己有"社交恐惧症"了。

与此相对的是,公众演讲在人们心目中普遍占据重要地位,但人们对它感到恐惧,为了克服这种不适感,人们会寻求帮助——听课、咨询等。多数人都相信,通过训练,自己的声音可以变得更好听,词汇量可以变得更加丰富,语言组织可以变得更有条理。

但闲聊就好像是刚刚打开水龙头时流淌出来的锈水。啊,可真恶心!快点讲完这些毫无意义的废话,来到谈话正题吧!

为什么不直接切入正题呢？

我们终于找到了问题的核心。是啊，为什么不这样做呢？

我来给你一点儿提示。假设我是一个陌生人，走过来对你说："'勇士队'昨天的比赛打得可真好，你说呢？"也许你会当即赞许地握紧我的手，我们一下子就变成了能够讨论斯蒂芬·库里①薪酬问题的好伙伴。但你也可能会摇摇头，奇怪这个和自己搭讪的"疯婆子"是从哪里冒出来的。

闲聊是人们展开进一步交谈的"通行证"，是双方基于共同兴趣进行的对话。

闲聊是为后续严肃交流所做的热身运动。

然而，如此独一无二的价值却没有被人们认识到。闲聊是如此常见，以至于我们意识不到它竟然是一种沟通手段，而且具有自己特殊的功能。

为了集中观察，我会用一些比喻的手法帮助你理解。首先，我们可以把闲聊看作豆腐——易于消化、随处可见、味道平淡，会从其他食材中汲取风味，在感恩节聚餐、专业会议、拖拉机拉车比赛等各种场合中，都可以见到它。你可以消化思考一下这件事。

---

① 斯蒂芬·库里（Stephen Curry），美国职业篮球运动员，效力于"金州勇士队"。——译者注（若无特殊说明，本书脚注均为译者注。）

同样需要思考的还有以下这几件事：

- 没有什么沟通技巧比闲聊更重要。
- 你肯定很喜欢闲聊。是的，一定是这样。你只是稍微有些怕和陌生人闲聊。我会教你如何应对这种情景。
- 也许你正活在"社交恐惧症"的阴影下，但情况并不会一直这样。你一生中曾克服过很多恐惧的事。还记得你去上游泳课的时候吗？

本书将围绕闲聊的各个方面展开，它是一门沟通的艺术。我会给你提出一些建议，这些建议曾帮助过我的客户，或许也能帮助你在社交场合获得自信、感到轻松。接下来，你会认识利奥和本，他们是我非常重要的老师，在参考资源中，你还会看到多位带给我启迪的作者。但要记住的是，（通常来说）闲聊没有一定的规则，那些礼节、礼仪、考量和常识，也许你早就已经熟识了。

那么，我们来研究一下沟通中不可避免的这摊"锈水"（或豆腐）吧。在第一部分"基本原则"中，我们会聚焦你在闲聊中遇到的问题，同时提供一些可以在家中练习的方法，它们会大幅增加你在人群中的社交舒适度，尤其是在陌生人群中的舒适度。内容包含了如何接近他人、如何引出闲聊话题，以及如何从闲聊过渡到真正的谈话当中。

在第二部分"变成流利、轻松且更有魅力的闲聊高手"

中，我们会具体谈论社交的手段，例如如何介绍自己和别人、如何与多人闲聊，以及很重要的一点——如何优雅地离场。

好的，此时流出的已经是清澈的水了！本书提供的是程序化的手法——清晰地指导你如何做、何时做。对部分人来说，有些事他们早已知道，这份指导只是一个"提示器"，可以在遇到严重的社交恐惧时拿出来复习。但对于那些正在社交生活中"翻江倒海"的人来说，他们需要的正是基本原则中的内容。它们是维持友谊、融入群体、塑造未来和构建社群的工具。还有什么场合比这些更需要交谈吗？

在实用技巧之外，这本书之所以能写成，是因为我还有一个更大的目标。

对我而言，闲聊是人们试图靠近彼此时发出的声音。

这是人们在寻找相似之处、分享兴趣爱好、表达友好善意、奉献友谊情感时发出的声音，只是因为彼此相互需要，而不带有功利性的目的。我们渴望与同类接触。闲聊是一种帮助"*我们*"（我和你）将"*他们*"（陌生人，或是那些可怕的"其他人"）变成自己人，变成"*我们*"的语言机制。换言之，闲聊是为了让"*他们*"把你看作"*我们*"，让你感受到"*我们*"的存在（更多内容请见第 1 章）。这是相当重要的工作。

最后一点，像所有优秀的派对（和谈话）一样，鉴于个人口味的不同，本书是以"自助餐"的形式将内容铺陈开来。拿起盘子来，挑选自己感兴趣的章节吧，祝你用餐愉快！

第一部分

基本原则

第 1 章　为什么需要闲聊？

想结交新朋友吗？从这里开始

也许你认为闲聊是浪费时间,是难以避免的"灾祸",但我认为闲聊是一件很好的事。

我们这样定义闲聊——它是一种轻松、愉快、安全的语言交流形式,让人们有机会在发展深层关系前相互了解。对于刚刚相识的人,闲聊意味着自我介绍、交换个人信息和兴趣爱好,以及寻找共同话题。对于已经相识的人,闲聊的内容包括分享感受、观点、八卦、笑话和个人观察。

闲聊意味着不抱目的性,所以交谈内容的重要性远小于交谈本身(聊什么都行)。闲聊在生活中具有重要的社会情感作用,是一种通行、普遍、基础的社会连接方法。

闲聊是建立关系和友谊的语言。

你肯定很喜欢闲聊。(是的,一定是这样!)

你不相信吗？我们可以做一下测试：

在路上遇到邻居，你是否会停下来聊两句？
在汽车加油站，你是否会和工作人员"闲扯"？
去美容院的时候，你是否会八卦别人的"黑历史"？
你会不会和老朋友"扯皮"？
你会不会和同事"唠嗑"？
等车的时候，你会不会和别人一起"消磨时间"？
你会不会和哥们儿"聊天放松"一下？

难道你会讨厌上面所有的事吗？不会的。你只是没有意识到这些就是闲聊，是与他人和集体建立联系的社交关键。

人类天生喜欢区分"*我们*"和"*他们*"，并且更喜欢前者。对于"*我们*"这些自己人，交谈会让你感到轻松。和"我们的人"聊天更容易。但对于"其他人"来说，情况就没那么确定了。

你可以阅读一下神经生物学家罗伯特·萨波尔斯基（Robert Sapolsky）的《行为》(*Behave*)，他在书中对这一概念进行了周密的论述。在书中，他讲述了"*我们*"与"*他们**"的概念是怎样深植于生物潜意识之中的。例如，人在1岁前已经能够对不同性别和种族进行区分。如果讲话的不是母亲的声音，孩子会有所察觉。当然，我们都熟悉下面这首歌：

> 你已经被教会了仇恨和恐惧
>
> 你已经被教了一年又一年,
>
> 它在你稚嫩的耳朵里来来回回,
>
> 你已经被细心地教育过
>
> 那些眼珠奇特的人,
>
> 那些肤色怪异的人,
>
> 你已经被细心地教育过。
>
> ——《南太平洋》(South Pacific),
> 罗杰斯和海默斯坦

"稚嫩的耳朵"听起来格外可怕。对"*我们*"与"*他们*"进行区分的趋向,是人们难以克服的。萨波尔斯基在书中写到,我们区分"*我们*"与"*他们*"的用时不会超过1秒,这一瞬决定了我们会用哪种态度对待眼前的陌生人。我们讨论的其实是歧视的机制,不是吗?我所谓的"歧视",是指我们能看出不同——但不同何时才会产生影响?那就是另外一个问题了。

有时,我会给一个高中同学打电话,她一直都住在华盛顿东部的小镇里。自高中之后,我们的人生就产生了巨大的差异,这一点在2016年美国总统大选时显露无遗。

我:艾莉,最近怎么样?

艾莉:一言难尽!反正还活着呢。你家草坪上有声援特朗普的牌子吗?(哈哈哈!)

我:没有,我知道你家插着呢。

艾莉:你住的街区有支持特朗普的标语吗?

我:没有没有,我没见到过。

艾莉:是啊,你们旧金山有好多……有好多那个……

我:艾莉,你是想说有色人种吗?

艾莉:对!

我:是,这里是这样的。

艾莉:……那你……你会和他们说话吗?

我:是的,艾莉,我会。

从用词、语气和语境中不难看出,艾莉明显看到了"*我们*"和"*他们*"的不同。

J. D. 万斯(J. D. Vance)的《乡下人的悲歌》(*Hillbilly Elegy*)是一部很优秀的作品,我想从中摘录一段。身为乡下人的作者考上了耶鲁大学,有一次,他来到了家乡俄亥俄州米德尔敦的加油站:

> 在耶鲁的时候,我越是感到自己格格不入,越是会怀念家乡的亲人。最重要的是,我能敏锐地意识到这份成功带给我的内心冲突。学校开课后我第一次回家,路过了加油站……离我最近的油泵边上站着一个女人,她开始和我闲聊起来,我看到她穿着耶鲁的 T 恤。"你在耶

鲁读书吗?"我问。"没有,"她回答,"我侄子在那里读书,你呢?"我不知道自己该说什么。这太可笑了——她不过是侄子在耶鲁读书,我却仍然对自己常春藤盟校学生的身份扭扭捏捏……

我必须做出选择:我到底是耶鲁大学法学院的学生,还是米德尔敦一对乡下老夫妇的孙子?选择前者,我可以讲讲它的所在地纽黑文市有多美;选择后者,我们之间就会出现一道隐形的界线,而她在线的另一边。

∞

如果你认为这种基于个体差异而产生的偏见是有害无益的,那么也许你会对此感兴趣:有一种能弥合社会差异的机制,一种人人都能掌握的工具,那就是——闲聊。

闲聊站在与"*他们*"接触的最前沿。它会让"*他们*"感到安全,让"*他们*"觉得自己受欢迎。闲聊对你来说可能很有趣,但也有很多理由让你害怕,就像发现自己在一群人面前走钢丝一样,脚下没有防护网,还得向着尚未变成"*我们*"的人伸出友谊之手。分类是无可避免的,但可以在一瞬间发生变化。曾经是"*他们*"的人可以轻易变成"*我们*"中的一分子。我认为,这才是闲聊真正的作用。

人们社交沟通的目的是:将陌生人变为朋友。

正是你我对陌生人的友善转动了轮盘,将我们转入友谊的舒适区。谈话内容无关紧要,影响却很深远。一切关系都始于投机的闲聊。

闲聊的作用

闲聊有如下作用:

- 将人们聚拢在一起
- 增进理解与信任
- 建立或保持友谊
- 避免冲突
- 了解不同观点

你明白吗?有闲聊,才有之后的社交。

你怎么能说自己"很讨厌"这件事呢?我想你讨厌的只是一种极少发生的场景——用生硬的方式与陌生人展开交谈。

如果有陌生人向你兜售商品或是问路,你并不会感到不适。这类交流目的明确,令人感到放松。如果有老朋友毫无目的与你闲聊,你也不会感到难受。

你讨厌的是面对彻彻底底的陌生人,既没有特别的主题,又要表现出友善,可能还要在众目睽睽之下完成这件事。你讨厌被焦虑的洪流淹没，讨厌自己像个傻瓜，讨厌自己变成虚伪的人，讨厌尴尬的场景。你的情绪管理中心正警铃大作："小心！这儿有个'*他们*'！"

人们很少会提及"*我们*"与"*他们*"之间紧张对立的情绪，这是一种存在于个人脑海中的认知/情绪斗争。你的情绪脑在高声呼喊："是陌生人，危险！"而你的认知脑要按照社会期待行事，假装你和对方已经成了朋友。并且最终，你总是有被对方拒绝的可能！

我想这才是你讨厌的闲聊，这确实太令人痛苦了！

压力之下，我们需要某种机制、工具和态度来弥合这令人不适的社交鸿沟。闲聊中的幽默就可以解决这个问题。它可以是一个微笑、一句问候，或者一只伸出的手。如果你能做到这些，后面的学习自然也不成问题。

闲聊是社交中关键的润滑剂，其价值与饮酒和笑声不相上下。

闲聊的形式多种多样。还记得引言中那个豆腐的比喻吗？它易于消化、随处可见、味道平淡，会从其他材料中汲取风味。它是人与人之间简单的示意：一方敲门，另一方开门。如果进门之前不敲门，很可能会冒犯对方（除非这正是你的目的）。一般而言，我们需要做出礼节性的表示。在这个过程中，你不会有任何损失，同时又以行动表达了友善。即便你觉得它老套迂腐，这也是人际交往中常见的言语礼节。

也许我们无法通过闲聊展现智慧,但我们能够展现教养。

电梯中的闲聊很有意思。新人上来后,也许她会不经意地与某个人发生目光接触,随后问候道:"早安。"对于这样的问候,对方会给予最简单的回应:"你好。"交谈结束,沉默伴随着电梯到达终点。

现在我们换一种方式:如果双方能闲谈几句,即便是陌生人,一方进入电梯后也总会有话可讲。

> 有个好心情。
> 别着急。
> 祝你今天过得愉快。

"门"被轻轻敲开了,暂时还没有关上。如果在对方上电梯的时候没有问候"你好",那么下电梯的时候也不会有"再见"。这是关于礼貌和礼节的典型例子,是聊天的第一个阶段。它会为未来的进一步交谈奠定基础。

这就是为什么我们需要练习问候和打招呼。一句"你好"或"早安"就足矣。一个点头或一声轻哼,就能表示自己接收到了信号。慢慢地,你会发现自己开始在楼道里与他人点头示意。这正是我们需要的社交方式。

> 没错!我们在费尔蒙特碰到过是不是?请让我介绍

我自己……

一段关系就这样开始了,也许未来它会对你很有用。

说到有用,最初人们有着强烈的交谈动机。我们不能说闲聊是毫无目的的,但毕竟这是一场探索性质的交流。作为例证,让我们到商业会议上看看大家是怎样交谈的吧。

在会场:

你好!我叫乔·贝利,很高兴遇到你!这些是化妆品。我带了一些产品小样来,如果你有兴趣,可以来我的摊位看看,这样我也能更加了解你。

问候是交流的第一张面孔,也是为产品进行市场营销的社交武器。

现在,让我们来到酒吧:

嘿,宝贝儿!请你喝一杯好吗?我们认识一下!

这次乔的交谈对象是位女士。他的目的很清楚,不是为了推销化妆品。这也同样属于关系建立的早期阶段。如果你觉得这一阶段的社交很困难,相信我,互联网会给你各式各样的建议,它们通常来自为了搭讪成功而使出浑身解数的年轻男性。

以上两个例子都属于闲聊，只是意图有所不同。在交谈的初期，客套话的背后还有一些隐形的不确定因素——那是一些隐秘的衡量指标——导致了不适感和不确定性。

八卦的作用

妈妈：桑普，你爸爸是怎么教你的？

桑普：如果说不出好听的话，就干脆别说。

桑普的爸爸也许还告诉过他：

> 伟人讨论思想。
>
> 凡人讨论事件。
>
> 小人说人长短。

很抱歉，桑普。无论是不是小人，我们或多或少都会议论他人。这是有原因的——世界上有什么能比人更有意思呢？

根据伦敦政治经济学院社会心理学家尼古拉斯·埃姆勒（Nicholas Emler）的观察，人们日常80%的闲聊都在说人长短。进化心理学家罗宾·邓巴（Robin Dunbar）认为，人类对八卦的需求极大地刺激了语言的演化。《好好说话：沟通的故事及技巧》(*A Good Talk: The Story and Skill of Conversation*)一书的作者丹尼尔·梅纳克（Daniel Menaker）认为，八卦教会了你哪些事是本文化中可接受的，哪些是不可接受的。八卦告诉我们：

  邻居需要帮忙。
  某人将要升迁，但现在还没有公开。
  上次家访时，钢琴老师一身酒气。

  大部分闲聊都与人们地位的变化相关。谁在向上爬？谁在向下坠？谁新买了一辆特斯拉？
  好的。现在我们明白了，八卦是为社会规范服务的，但为什么它会那么诱人呢？
  那是因为分享秘密带来了亲密感。它带给我们"亲近感"，如果没有这种分享，我们就无法触及、理解自己（和他人）的内心想法及感受。
  八卦的内容是我们无法通过个人观察获得的。在这种形式的闲聊中，过程远比聊天内容更重要。亲密性是如此重要，以至于分享的信息反而成了附属品。
  当人们分享秘密的时候，是在试图与他人——"*他们*"——搭建起桥梁，这样一来"*他们*"就变成了"*我们*"。
  八卦需要获得尊重和理解，它是一项基本需求，而且人人都喜欢。它是组建群体的手段。

    如果你不会为谁说好话，就坐到我旁边来。

  记得提醒我，我要把这句话放在枕头上。

第 2 章　我们该怎样改变？

首先，出门去

如果你想改进发音，学会演讲腔，我会指导你把舌头放在口腔合适的位置上，正确地发出声音。之后我还会布置一些适当的练习，确保这种声音能在你的声音库里保存下来。

如果你想做简洁的口头报告，我会指导你整理想法，找到陈述的重点，并以逻辑结构串联起来，支持你的观点。

如果你想学会怎样轻松地与人闲聊，我会带你去大街上。我要把你从自己的世界里拉出来，到外面的世界和他人相处。对很多人来说，那些其他人都被隔在墙的另一边，而这堵墙就是"社交恐惧症"。

社交恐惧来源于对负面评价的恐惧和压力。这是一堵阻止你和他人接触的墙，它绝不会自己倒塌。只有从认知—行为的角度做出努力，我们才能对大脑和行为方式做出改变，从而将墙推倒。为了达到这个目的，闲聊是最有效的治疗方法。

闲聊是治疗"社交恐惧症"的良方。

我明白,我明白,这不就是"第二十二条军规"①吗!

人们会花大量时间描述自己的社交恐惧问题。他们会告诉我,自己有怎样的恐惧、羞愧和失意,而我关注的是怎样改变这种现状。想要投机地与别人聊天,我有三个办法:

1. 操作上蹒跚学步,慢慢地对行为做出小幅度的纠正。
2. 态度上发生巨变,以全新的积极心态重新面对社交。
3. 1和2同时进行。

你一定会问自己:"我真的行吗?"你当然可以!

首先,我们先把心态调整好:"我没问题。"想想这样一个人,他社交起来很轻松,你很羡慕。想象他正在和人聊天的样子,想象自己也在做相同的事。如果你能将一天中各式各样的场景按照这个方法重新构想一遍,它就会变成你意识中的一部分,在适当的时候自然会出现。我需要你牢记自己未来的目标和承诺,它们会为你注入力量。

有这样一种说法,你的水平体现为身边最常接触的五个

---

① 《第二十二条军规》是美国作家约瑟夫·海勒创作的长篇小说,讲述了二战中一个美国空军大队发生的荒诞事件,后被引申为陷入了死循环,或跌进逻辑陷阱的境地。

人的平均值。你的口音、用词和社会行为都能反映出你所处的群体。也许你应该考虑结交一些新朋友，找一些能让你愉快交往的伙伴。可以考虑从俱乐部、社会组织、活动和讨论组中寻找合适的人，拓展社交圈子。被动交际是没有用的。可能你已经身不由己地见过许多人了，然而自己的社交技巧并没有任何长进。但是，有目的、有计划的交流能帮你做到这一点。

与此同时，我建议你思考一下自己对他人的价值。你是不是一个愿意助人、有能力助人，并且让人感兴趣的人？结交他人时，为了获得对方的青睐，你同样需要展示出自己的能力，既能引起对方兴趣，又对对方抱有好奇（在第8章到第12章中有所涉及）。

请注意，要思考一下这个问题：你想变成一个怎样的人。

让人感到轻松的闲聊是边学边练的。

从现在开始集中注意力，把自己当成一个外向、亲和的人。但你可能会问："这要花多长时间？"

我的答案有两个：

- 因人而异。人类习得言语技巧的过程会受到多方因素影响。
- 它取决于你对这个技巧有多么渴望。

这个解决办法看上去很简单。如果你真的很想学会，是可以快速习得的。你能想象出自己掌握这个技巧的情景吗？你愿意为此付出努力吗？

如果你的回答是肯定的，那么这本书就是为你而写的。如果你的回答是否定的，请把这本书送给回答肯定的人。

闲聊的古老传统

你无法想象，早在 500 年前，指导人们社交的书籍和手册就已经在市场上相当活跃了。令人震惊的是，几个世纪以来，这些方法几乎没有什么变化，所谓的指导无非是陈列一些需要做和不要做的条目。我们甚至可以追溯到 2000 年前，古罗马著名的演说家、哲学家西塞罗（Cicero）在他的著作《论义务》(*On Duties*) 中，就曾对闲聊提出过建议：

- 讲话要清晰
- 言语简练，不要讲太久，尤其当他人也想讲话的时候
- 不要打断他人
- 保持礼貌
- 严肃问题认真对待，轻松问题诙谐对待
- 莫在他人背后批评
- 谈人们共同的兴趣
- 不要谈论自己

- 总而言之,情绪不要失控

这些都是我们无法反驳的,对不对?接下来,我们来看看"励志图书之王"戴尔·卡耐基(Dale Carnegie)在他 1936 年出版的《人性的弱点》(*How to Win Friends and Influence People*)中是怎么说的:

- 对他人感兴趣
- 微笑
- 记住对方的名字
- 做好倾听者
- 根据他人的兴趣展开谈话
- 让对方感到自己很重要——表达要真诚

内容已经不少了。那么你会问:"好吧,我知道该怎么做了。这样就能成功了是吗?"嗯,其实并不是的。如果一张必做清单就能达到转变行为的效果,世界上就不会有体重超标的人了。显然,这些规则并不能直接改变我们的行为。

以下几步能够促使沟通行为发生转变:

1. 对讲话风格有所觉察,并甄别出哪些需要改变
2. 发掘内在动力
3. 系统地替换行为习惯

这些步骤适用于大部分沟通技巧的学习。让我们把它们代入社交谈话当中吧。

熟悉你的讲话风格

如果你知道怎样进行自我抽离，那就再好不过了。毕竟人们很难看清自己对周围人有怎样的影响。

当然，你可以从挚友那里获得真诚的反馈。如果没有合适人选——很多人都有这样的问题——又想了解自己平日是怎样与人交谈的，你可以选择录音。人在特定场合中面对不同的人时，会有不同的互动方式，你可以通过自我监听获得许多有价值的信息。听的同时，我建议你思考以下问题：

交谈中双方是有来有往，还是一方滔滔不绝？

你有没有多次打断对方？

你的声音听起来是轻松还是紧张？语气柔和吗？语速快不快？

你在谈论自己还是谈论别人，或是讲了其他话题？

你会不会听起来很严厉，或是很不高兴？有没有讽刺挖苦的语气？有没有无所不知的轻蔑感？

为了盖过他人的声音，你会不会提高自己的音量？

你会不会用一个字回答？

在进行实质性交流时，你会不会在其中穿插大量

"啊哈""是啊"之类的语气词？

如果有细节问题可以讨论，你是否仍会选择泛泛而谈？

你有没有发出过驴一样的笑声？

你以为我真的相信你会这样做吗？不，我根本不相信。我只见过一个人——只有一个人——真的这样做了，她甚至在自我研究后还写了一份报告给我。这实在是很奇怪的事：我们一天当中会照那么多次镜子，却很少会听自己在说什么。人类是临水而居的物种，我们在进化的早期就能看到自己的倒影，并发展出多种显影的方法。可是听到自己的声音，就要推迟到 20 世纪中叶了，那时录音机才开始被广泛使用。

也许你不会把声音录下来分析重放。但在与他人交流时，你仍然可以关注上述问题，哪些问题出现了，哪些问题可以比较轻松地纠正过来。

你的内在动力是什么？

如果你来问我，自己有没有可能改变沟通的行为习惯，我会反问你："你改变的愿望有多迫切？"只要你能牢记自己未来的目标和承诺，想象出掌握这个技巧的情景，就已经为转变注入了能量。

只要肯坚持，动力是不可摧毁的！

替换行为习惯

在场地的这一边，是我们本届社交生活的卫冕冠军，重达 363 公斤的：你·自己的·社交·习惯！而在场地的另一边，穿着黄色短裤的，是本次比赛的挑战者，重达 52 公斤的：你的·谈话·改进·目标！

如果你确定要打比赛，一定要严肃对待。习惯是不会轻易改变的。只需一眨眼的工夫，它就会重新缠上来。一旦注意力松懈，你就只能投降。这种情况已经发生过很多次，你知道我所言非虚。

为了改变习惯，我们可以增加一些焦虑感。焦虑会迫使你重复过去的习惯。这一点你大可放心。社交聚会上的嘈杂混乱自然会将你所有的旧习全部引出来。如果你能察觉到这一点，就能与之对抗。此时，你可以找机会请新习惯出场。也许最初的适应很缓慢、很狼狈，但只要记住目标，集中注意力坚持下去，新习惯总会赢得胜利。美国第 30 任总统约翰·卡尔文·柯立芝（John Calvin Coolidge）曾说过：

> 世上没有任何东西能替代毅力。才华无法替代毅力，我们有太多极富才华的失败者。天资无法替代毅力，一事无成几乎成了天才们的谶语。教育无法替代毅力，世

上到处是受过教育而又被抛弃的人。只有毅力和决心是无所不能的。

终极秘密

想知道有什么秘诀吗？如果你能改变对他人的*态度*，与人交往时的*行为*也会有很大改观，这种影响会反映在对方身上。在这里，我想引用莉尔·朗兹（Leil Lowndes）在《遇谁都能聊得开》（*How to Talk to Anyone*）一书中的一段内容：

> 世上有两种人：
> 一种人走进屋里会说："嘿，我来了！"
> 另一种人进屋后会说："啊，你来了。"

自我意识过于强烈的人，没有办法在谈话中了解对方（详情请见第10章）。反过来讲，你越关注别人在讲什么，注意力就越不容易陷入自我意识之中。

这就是终极秘密。你只要能够：

欣赏你的谈话对象，鼓励他们对你敞开心扉。

这是最简单的展现魅力的方法。专注和欣赏能让对方感到温暖，甚至受宠若惊。既然讲到了这里，我可以告诉你，这一点同样是令人舒适的公众演讲的秘诀。

如果让我帮你准备一场演讲，我会请你花时间仔细研究一下听众，看看他们的兴趣和需求是什么。当然，在闲聊中不需要这个步骤，毕竟对方有可能是个陌生人。但我们可以在谈话中了解对方，不是吗？这是我们交流的最初目的。

∽

社交是以行为为基础的，也只能通过行为进行调整，也就是所谓的系统性刻意练习。你最大的敌人是你自己：紧紧抓住旧习不放，试图用理智来解决问题。实际上，你的全部习惯——我们之前提过的363公斤重的"大猩猩"——会全力阻止行为发生改变。顺便一提，这点适用于一切沟通习惯的改变。当人们迟疑和脆弱的时候，情绪的免疫系统就会启动，我们尝试新鲜事物时也会有相同的感受。

不要任由那个363公斤的家伙欺凌！我们要加油了！准备好了吗？

第3章 为什么"说废话"这么难？

让我们细数一番

迄今为止，我们已经知道：

- 闲聊是一种轻松、愉快、不带目的性的语言交流方式，让人们有时间和机会去建立一种亲近感。谈话内容并不重要，与对方交谈的过程更重要。
- 世上最重要的沟通技巧莫过于闲聊。
- 你喜欢闲聊。没错，你确实应该喜欢这件事。它是友谊的背景声。
- 学会闲聊是治疗社交恐惧的最佳方法。这是一种将可怕的"别人"（*他们*）变成朋友（*我们*）的方法。
- 对对方报以善意的关注，这是从关注自我走向尊重他人的良方。

- 动机和毅力是最好的预测装置，它们决定了你改进沟通技巧的能力。

此外，听起来小菜一碟的事，做起来未必简单。让我们来细数一番！

闲聊通常始于人们相聚时的交谈冲动，为了满足这一愿望，人们会寻找话题。请注意，聊天并不是为了满足知识层面的需要，而是源于人际关系的需求。事实确实如此，在马斯洛的需求层次理论中，人们对"归属感"的需要正是排在生理需求和安全需求之后。

情感第一，话题第二。
这是闲聊艺术的奥秘。

在社会情绪的情境下，由知识需求衍生出来的交流具有一定的目的性，如公众演讲、辩论、戏剧或谈判。但一切语言——尤其是闲聊——本质上都是下意识的，是由习惯决定的自发行为。你需要配合对方组织语言，而对方同样在组织语言。

这确实让人感到不自在：

把陌生人当作朋友来对待，
又完全不知道该讲些什么，
既不能冷场，还要聊得有意思，

期间充满大量不知所云的语句，

缺乏个人经验，

层层的家庭、教育和文化熏陶令你的原始交际能力退化了，

而你需要有意识地在潜意识中释放信任对方的讯号。

想要把可怕的"*他们*"变成能够信任的"*我们*"需要耗费不少精力，不是吗？我相信，如果换作相熟的人，你绝不会冷场，反而会感到轻松。但面对陌生人，我们没办法随心所欲地突然聊起自己认为有价值的话题，是不是？对方凭什么会想和你聊天呢？闲聊的作用就是回答这些问题。

可见闲聊并不闲。

我们在尝试用理性头脑处理非理性的问题。但显然，人们并没有认识到这种认知挑战的复杂性。

此外，以下因素会使社交沟通变得更加复杂：奠定基调的社交场景、你的个人社交背景，以及你的社交天赋。

社交场景会决定哪些行为和谈话是适宜的、妥当的。举例来说，婚礼上的言谈举止和政治聚会、足球赛场或医学会议中的完全不同。深谙此道的人会对不同场景背后的潜在要求格外敏感，并做出适当的回应。有一次，我见过一个金融机构的培训生到上司家参加派对，这家伙喝得酩酊大醉。这可不太好。金融机构需要职员们冷静负责（至少在公众场

合），而这个年轻人似乎沾染了不少兄弟会的习气。

说到个人背景，有多少人还生活在自己出生时的环境里呢？有的人离开了出生的小镇，有的人甚至不再讲母语。也许你的生活早已超出了父母的预想。许多人凭借自己的智慧和努力（以及运气），在职场和社会中奋斗，当下的状态已经与自己的过去相距甚远。过去对社交的理解，如今来看多半是过时的、错误的、不足的。那么问题来了：

> 别人介绍我的时候，我应该直楞楞地站着吗？
> 应该用手抓着吃，还是用叉子？
> 我可以自我介绍吗？
> 是不是该等女性主动伸手握手？
> 见到公司老板的时候，是用眼神示意还是低头鞠躬更礼貌？
> 手机铃声响了该怎么办？

过去，对这些问题我们都有笃定的答案，而现在就不同了。

先天的社交能力，尤其是在面对显性或隐性拒绝时的态度，会对我们构成阻碍。

也许你会想：

> 我是内向型的人。我喜欢一个人待着。不是不能和

别人说话，我可以说。只是我真的想一个人待着。你不知道我脑子里在想多少事情。

我们当然不知道。

我们看到紧绷的表情或遭到冷遇的时候，即便不是由自己引起的，也会立即将这种负面的社会信号解读为"拒绝"。对方可能只是丢了车钥匙，或是自己的女朋友和别的男人打得火热，但你把错误归咎到了自己身上。我们该对自我意识有些清醒的认识了。

为了对抗自我意识，你装出一副心事重重的样子，或者努力经营自己的公众形象——你知道的，生怕别人关注你。关于这一点，我精神科的朋友丹·阿芒医生（Dr. Dan Amen）列出了 18/40/60 定律。请做好准备：

> 18 岁的时候，你为别人都在关注你而焦虑；40 岁的时候，你不再在乎别人怎么看你了；60 岁的时候，你发现根本没人注意过你。

我记得有一次，自己在社交场合表现得很差劲。我不记得当时在为什么事发愁，只记得身边坐着的男人想和我聊聊天。对方并不招人讨厌，只是我不想说话。当晚结束的时候，他对我说："夫人，我觉得你和我的一位好友很像。他是一个特别安静的人，人非常好，喜欢注视大家，观察正在发生什么。他不喜欢长时间聊天。但他很有深度,我想你也是这样的人。"

他的话忽然把我的注意力拉了回来。我努力用善意回应了他,并对他的好心肠表达感激,从此我再也没有忘记他的善良,这是我珍贵的一课。

与其花时间来批评你,别人还有大把的事要做。但自我意识会蒙蔽你的双眼,使你无法看到其他的可能性。它阻碍你发挥社交天赋,打击你表达善意的意愿。我经常会用手电筒来比喻自我意识:它就像用手电筒直射双眼。除了自己,你无法透过刺眼的光芒看到其他任何人。

既然如此,不如将这束注意力之光投向其他人如何?你可以将视线从自己身上(和自我意识上)移开,投射到谈话对象身上,带着温暖的善意寻找共同的话题。如果你认可这一点,本书就是为此而写的。

既然我们已经了解了这三个关键因素(社交场景、个人背景和社交天赋)的作用,就能更容易地用理性来消化它们了。以后,你可以调动起自己的意识、智慧和知识来解决这个问题,而不是转身逃走。学会调整注意力就是个很好的开始。通过观察他人的社交举止,你能学到很多东西。毕竟,小孩子就是这样开始学习的。

第4章　闲聊的入门指南
特点与内容

可能有人会对闲聊的特点和节奏感到迷惑。也许我可以用一些比喻和意象来向你解释，美式闲聊到底是怎样的。（有谁能料到它会这么复杂呢？）

我之前曾将闲聊比作豆腐，因为它随处可见又灵活多变。下面的比喻就需要你对高速匝道、爵士乐、汽车和网球有一定了解了。希望这些比喻能帮助你更加了解社交的特点。

在谈话这条高速公路上，闲聊就像入口匝道。

进入高速公路的时候，你需要通过一个入口匝道，这是一个相对安全的区域，你可以在此处加速，随后并入车流之中。你不可能在高速公路上一下子追上别人的车速，也不可能面对一个陌生人迅速展开深刻而有趣的对谈。

"上匝道"的概念可以帮助你理解这种随意的谈话——

无目的的玩笑与仪式性的聊天——在这个过程中不断寻找双方都感兴趣的话题。这种看似空洞的聊天，实际上是微妙的社交试探。

闲聊更像爵士乐，而非贝多芬的《第五交响曲》。

闲聊不需要你做好充分的准备，拿起稿子滔滔不绝地背诵，而是需要轻松灵活，对谈话过程中出现的新鲜事物、新鲜观点做出反应。谈话开始时，每次讲话不要超过1分钟，如果对方转换了话题，记得放下自己的话题，投入新话题当中。倾听时，既要注意内容，也要注意情绪。愿意转换话题，沉下心来倾听别人讲话——这样才能发现你们有什么共同之处。

请看萨拉、艾琳、雅各布和埃丝特之间的对话，从中感受爵士乐灵活的流动性：

萨拉：我们刚从公园的花厅回来。那里的兰花可真漂亮。你去过吗？

艾琳：我不太清楚。亲爱的，是植物园旁边那个吗？

雅各布：不，她说的是那栋玻璃大楼。

埃丝特：噢，是不是很像我们在英格兰看到的那栋？

萨拉：你们什么时候去的英格兰？我们下周也要去，之后还要开车去苏格兰参加爱丁堡艺术节。

雅各布：刚才我们还在说这件事！我们早就想去了。开车过去要多长时间?

看到对话怎样向着出人意料的方向走去了吗?他们本来在聊本地的花厅,最后却聊起了苏格兰的爱丁堡艺术节。这就是闲聊有趣的地方。

闲聊就像发动一台车。

大家都喜欢出行带来的兴奋感。也许是周日悠闲地开车兜风,也许是高速跑道上的生死时速。但无论是哪种类型,都需要提前把冰冷的汽车打着火,从车库开出去。这一点同样适用于交谈沟通。在真正出发之前,必须有人启动发动机。

为了让聊天能够继续下去,你需要投入精力、释放善意、分享信息,推动谈话进行下去。闲聊就是这样运作起来的。你需要踩下油门——抛出一个轻松的话题——让车轮转起来。

抛出话题是:

- 沟通中至关重要的组成元素
- 闲聊的人所面临的最大障碍

阅读本章的过程中,请牢记这两点。

闲聊就像网球比赛中的截击球。

在网球比赛中，打截击球要遵循一定的规则，需要双方配合；你需要以一种特定的方式将球击回，使对方再次击球。虽然这样打没有得分，但是你可以观察对方的球风和技巧。（截击球不能达到直接得分的目的，但打这样的球并非毫无目的。）同样地，在闲聊的过程中，你需要发表自己的看法，对方才有机会回应。闲聊正像是截击球，是一种安全而稳妥的试探，给双方一个热身的机会。这是我最喜欢的类比，在后文中我会继续沿用这个比喻。

不要惹人厌烦

惹人厌烦是指你没有将球击回，而是紧握住球（也就是交谈）不松手，没有注意到对方早已烦躁不安、神游天外。（我认识一个特别爱说话的朋友。我只能用呆滞的目光暗示他停下来。）

第一种烦人的方式是把聊天当成入职培训。对方只是友好地问了问你的工作或兴趣爱好，你却独自讲个不停，好像错过了这个机会，就再也没有机会把自己知道的所有事都说出来一样。也许对方本来只打算听你说 45 秒，你却折磨了他们 12 分钟。他们永远不会忘记你，但绝不会有好印象。

第二种烦人的方式是叙述冗长。讲述自己的经历时总是要从头讲起，如强迫症一般地准确回忆出具体时间和事情缘由：

当时我正和杰西聊天，你知道，就是在码头处理装卸工作的那个人。杰西说，早晨来送货的卡车司机知道本周的投送计划，所以我问："他知道打印机什么时候能送来吗？"他回答说："你没听说吗？订单已经取消了。"我这才知道新来的经理把我们设备升级的申请驳回了，也就是说，他们大概正想着把这家分公司关掉。

在上面的例子中，总结陈述句——也就是这一段冗长叙述的最后一句——就能完整表述出你的意思。

显然，新来的经理把我们设备升级的申请驳回了，也就是说，他们大概正想着把这家分公司关掉。

没有人愿意惹人厌烦。那么这一切是怎么发生的呢？讲述自己的故事会给你带来强烈的紧迫感，让你忘记所处的社会环境。在满足自己内在交流完整性需求的同时，你会变得忽略交谈对象的注意力和交流需求。可是也许你忘了，闲聊需要的就是相互打断，而不是持续深入的讨论。

第一种惹人厌烦的类型，是演讲人把视线从谈话对象身上移开了，他们没有看到对方不耐烦地发出"我不想听了"的讯号。第二种是夸张的讲述者在尽情享受听众的关注。讨论的内容不是事情，而是他自己，这很难让人产生兴趣。这两种情况都忽视了某种社交规则。讲话人只注意到了自身需求,没有关注听众的兴趣。我想我们每个人至少都犯过一次(或是两次)这样的错误,之后才学会注意自己讲话的时长。

当然也有例外——有人能够在弯弯绕绕的叙述过程中始终抓住听众的注意力。但你觉得自己有这种能力吗?当然,有些生动的讲述者总是能吸引听众。下面有五个帮助你抓住听众(有些人听得专心,有些人并不专心)注意力的办法。

- **没人愿意听长篇大论**。开口前默念这条真理。向他人学习如何控制讲话时长。让"长话短说"成为自己的座右铭。
- **将闲聊看作网球截击**。是选择有来有往,还是持续进攻?
- **尽快说出重点**。赶在对方准备打断你之前讲出来。
- **给对方挥拍的机会**。如果你想和大家完整地分享自己美妙或糟糕的经历,我建议你约对方出去喝杯咖啡。给对方挥拍的机会,让他们来决定是否接受你的邀请。
- **从对方的表情观察他们是否感兴趣**。讲话时注视对方的眼睛。如果他们移开了目光,就要考虑缩减后面的谈话内容了。你要搞清楚他们是真的想听下去,还是在等你闭嘴。

不去惹人厌烦

一位面色和善的男士向后靠了靠,继续讲着关于汽车零部件业务发展的历史。他凝望着天花板的一角,描述着厂房适应车辆智能化改造的各种细节,却没有看到"受害者"——呃,应该说是听众——脸上神游天外的表情,对方的眼神已经呆滞了。他是在演讲,而不是交谈。

这样的演讲人并不少见,毕竟谈论自己熟悉的内容远比尴尬地挑起闲聊话题要放松得多。当然,这样想没有错!只是你会在火车驶离站台后,发现车上并没有乘客。

"等一下!等一下!"你会说:"我经常遇到这种情况!要怎么做才能不惹人厌烦呢?"我的答案也许会让你感到沮丧:"视情况而定。"众所周知,社交环境是很复杂的。除非你的谈话对象是老板,这样问题才会变得很简单。你只需要做好倾听的准备即可,如果你够机灵,可以默默在脑海里记下他提到的事,用于之后的谈资,这样做能证明对方讲得足够生动。我是很认真的。如果你能回忆起之前的谈话内容,对方会非常高兴,这说明你对他足够尊重和重视。这样做会对你的事业发展有所帮助。

(对于不同场合下的闲聊,详见第17章"我要怎么脱身?")

关于闲聊的其他注意事项

我们来讨论一些闲聊的形式特征吧,它们会帮助你掌握使用诀窍。下面我把这些特征介绍给你,在后面的章节中它们还会出现。根据我的经验,新知识听一遍是记不下来的

(可能需要重复七遍)。

寡言少语：需要避免

有些人认为话应当越少越好。

> 她：你经常过来吗？
> 他：不。

就像把球打出场外一样。话讲到这里，你们只能再另寻话题，循环往复，直到耐心耗尽。即便是在烤肠聚会上，这种生硬沉闷的讲话风格也会让人感到不快。

对方引出新话题的时候，留意一下自己的回答方式，是否有大量单音节的回复（即寡言少语）。这类简短的答复（"是""不""对"等）会让对方觉得你有些无礼。你将对方的一记好球停了下来。如果你总是这样，就会成为不折不扣的"谈话终结者"。

即使一定要回答"是"或"否"，也不要只回答一个字。多说一些，给对方留出进一步交谈的空间（至少给出某种鼓励或激励）：

> 不，我觉得不是这样。
> 是，我看见他了。

是，谢谢你。

不，我没有把车停在那里。

开放式信息：需要鼓励

开放式信息往往能为对方提供进一步交谈的线索。如果你能在回应的过程中不断提供这样的内容，那最终的交谈话题一定是双方真心感兴趣的。

布莱恩：今天的天气是不是挺好的？

你：是啊，天气不错。我看到隔壁街区正在办户外艺术展。好像是专为本地艺术家开设的，你知道吗？

布莱恩：我也不太清楚。我3个月之前刚刚从纽约搬过来。但我认识其中的一位艺术家，他每年都要从科罗拉多州飞过来参展。我猜他的画卖得不错。

这样一来，你和布莱恩之间就有了更多的话题。你可以从他的话中随意选取内容（他提供了很多可聊的素材），作为自己回应的话题。

你：我没想到有那么多人搬到科罗拉多州去住，那边好像越来越受人欢迎了！不知道是因为什么，你知道吗？

当你不知道下面要聊什么的时候,可以引入能够引发讨论的观点,转移到另一个话题当中。你完全无法预料到哪件小事能演变成拉近二人关系的重要话题。我很喜欢举这个例子:

为了搭配一条红色的新裙子,我去梅西百货买口红。离我最近的是倩碧的柜台。售货员向我展示了一只颜色很好看的试用唇膏,然后拉开抽屉想帮我拿一支新的。

"哦,不好!"她说:"这个颜色没货了!你怎么恰好就挑了这支呢!华盛顿州雅吉瓦的店里存货可能有10打,但我们这里居然1支也没有。抱歉!"

我向她道谢后离开,但向前走了六步,我转了个圈又走了回来。

我:你为什么说"雅吉瓦"?
售货员:我只是想用它代称偏僻的小村子。
我:我明白,但你说的是"雅吉瓦",为什么你会想到这个地方?
售货员:哦,我有个阿姨住在那里。
我:我的弗里齐阿姨也住在那里!
售货员:我阿姨打桥牌的搭档就叫弗里齐!

通过这个例子你也许能够理解,一句"雅吉瓦"如何引出了后面一连串的交谈。

我并不是想说两位阿姨是桥牌搭档这件事很重要，但对我们两个人来说，这样的交流更愉快，更令人难忘。

开放式信息越具体，效果越好。

不要笼统地描述，要选用合适、具体的名词。概述给人的感觉很模糊，可以用它来填补句子的空白，而适当的细节才是活跃交谈的主力。有些人不喜欢说太多的细节，他们认为这些太过于个人化了，对方不会在意这些。他们觉得对方不想知道这些细节内容，所以不愿多做描述。

猜猜看，这样的对话结局会怎样？全部无疾而终了！

关于开放式信息，我还有一个例子：

有一次，我问候邻居圣诞节过得怎么样，他回答说过得不错，但他9岁的儿子对自己的圣诞礼物不满意，心情很不好。我扬起眉毛听他讲。原来他的儿子想要一套《星球大战》(*Star Wars*)里赏金猎人波巴·费特（Boba Fett）的飞船"奴隶一号"的乐高积木套装。他的爸爸四处寻找，还是没有找到。于是他另外买了两套精致的套装送给他，在圣诞节早晨，小男孩拆礼物的时候表现得很冷淡。一天过去了，他连盒子都没有拆开。

听完这件事后，我下午刚巧路过乐高商店，想去看看小男孩想要的飞船是什么样子，回家后，我告诉了男孩的父亲哪里有货。最终我们三人都受益了：小男孩非常兴奋，他的父亲成了英雄，我自己也乐得做了件好事。

锚定话题：需要鼓励

不知道你有没有遇到过这样的人，刚一见面就开始谈论自己无聊的博士论文假说。天呐，希望你没有这么倒霉。如果和你交谈的人从别人不太了解的话题讲起，那你很难成功组织起交谈。可以确定的是，人们绝不会对这些晦涩的知识产生兴趣。我将其比作网球中越过对方头顶的高吊球。

与其这样，不如对现场的某个事物发起谈话，就如同放下一个锚。你可以对身边的任何东西发表看法，只要它是你们两个人都能看到的，就是个不错的起点。你可以从这类简单的观察开始：

> 这好像是张新地毯！
> 这位家长会会长是个新人吧？
> 这是我听过的最好的演讲。
> 我建议给这个电梯封个"世上最慢"的称号。
> 这个派上的蛋白糖霜大概有7.5厘米厚。
> 好像又下雨了，猜猜谁没有带伞。
> 这幅肖像大概是机构创始人的画像吧？

你有没有注意到，这些话题都与个人无关？这就是重点——我们抛出比较安全的话题作为锚。这样的开头不会显得冒昧，也不带有个人侵略性。实际上，你制造了一个稳固的三角区域——即"你""我"和关注对象"它",关注第三方事物能令双方更愉快地交换意见。与此同时,中性的话题也方便你或对方从中轻易抽身。这类闲聊话题尤其适合等电梯或等出租车的间隙,或是其他不需要进行实质性交谈的场合。友好的交谈正是双方谈话进入匝道的提示声音。

(在下一章中,我会对锚定话题进行进一步讲解。)

视情况而定

在这里,我想谈一谈经常听到的一类苦闷的求助:"弗来明博士,如果有人走到你面前打断你说话,你会怎么办?"无论问题的结果是什么,答案只有两个:视情况而定,以及情况比较复杂。它取决于有哪些复杂因素在其中起作用。你需要对选项、性格、地点、听众、时间、过往、你的兴趣、你的耐心,以及你想从这段关系中得到什么做出权衡。

提出这个问题的人脑海中一定是有某个成形的场景,他们对情况一清二楚,我却不得而知。虽然问题本身很简短,但并不意味着答案也同样很简单。

正如我所说,这需要视情况而定……

∞

上面我们讲了一些很重要的概念(这部分内容会贯穿在整本书当中)。请回顾一下这些内容。在回顾的过程中,也许你能够设想出某个场景，置身其中演练这些技巧。

- 闲聊要有来有往
- 寡言少语会变成"聊天杀手"
- 开放式信息能带你走向意想不到的话题
- 开放式信息越具体，效果越好
- 选取两个人都能看到的身边事物锚定话题
- 对话的三角区域：在双方能够愉快交谈之前，选择中性的第三方事物引出话题
- （经常需要）视情况而定……

第 5 章 "ARE"守则：锚定、表达、鼓励

如何治愈"我总是不知道该说什么！"

有个人站在我旁边，他的眼神友好，表现出坦诚的样子。也许我们刚才已经相互微笑致意，打了招呼，握过手，并且各自介绍了自己。你害怕的事情来了，要开始闲聊了：最初和"*他们*"聊天会有些生硬（正如你预想的那样），但闲聊的目的是为了将陌生人转变为熟人。在这个阶段，多数人都会感到慌张，他们对这样的人际关系点化术全无准备。

幸运的是，我们有一个简单的公式，它能帮助你顺利走完这个过程：锚定、表达、鼓励。

1. 锚定（Anchor）身边的事物，引出中性的话题。
2. 表达（Reveal）与这个话题相关的个人看法。
3. 鼓励（Encourage）对方发声，根据话题提出问题。

你可以预先设定自己的 ARE 模板（甚至可以在离家前完成），这样做是为了保证在令你最为不安的环境中，不必再在组织语言上费心思。花些时间预想一下：那个场合的赞助人是谁，音乐、事物、布置、天气如何。在脑海中演练自己的开场白：

（A）这一届的毕业生可真多。
（R）我在找我的侄子，现在看来只能放弃了。
（E）这里面也有你的家人吗？

其实你是在表达一种暗号，意思是："你好！你看上去是个好人。希望你会喜欢我。我们聊会儿天怎么样？"如果直截了当地把这番话说出来，你会觉得自在吗？你的目标是用闲聊的方法与另一个人产生关联，让自己更了解对方，也让对方更了解自己。ARE 守则能帮助你使用当下环境中一切的元素，搭建起通向"*我们*"的桥梁。

锚定话题

有时别人会问我，优秀的开场白（放锚）是怎样的。

我们是不是在哪里见过？
你是什么星座？

第 5 章 "ARE"守则：锚定、表达、鼓励

你经常来这里吗？

如果世上真的有魔力之锚存在，那么也许能帮助你缓解不安感，但实际情况是，如果你不是特别风趣聪明的人，这种千篇一律的开头只会显得刻意，令人感到不耐烦。

离开家之前，你可以预先根据活动准备一些话题，这样做能省去不少现场寻找话题的麻烦，大大增强你的舒适感。最简单、最安全的话题是围绕让你们二人聚在一起的活动展开的：聚会的组织或主题、派对的主人、商会或公司赞助的棒球比赛、火人节①、寻找复活节彩蛋②或时装秀等。我们当然可以对那些显眼的布置发表评论，但我建议不要提出负面评价，比如"这次活动的策划真是个傻蛋"。

一般来说，讨论天气都很安全。

够热的吧？

今天天气不错吧？

这雨恐怕停不下来了吧？

如果你一听到对方说这样的话就感到畏缩，说明你没有

---

① 火人节（Burning Man）：每年 8 月底至 9 月初在美国内华达州黑石沙漠举办的活动，节庆期间会焚烧巨大的人形木肖像，其基本宗旨是提倡社区观念、包容、创造性、时尚，以及反消费主义。

② 寻找复活节彩蛋：复活节彩蛋是西方复活节的象征性物品，彩蛋一般事先藏好，然后由儿童来寻找。彩蛋寓意友谊、关爱和祝愿。

领会到他们的好意。这是一种交谈的暗号："能和你说说话吗？你会拒绝我吗？我们能做朋友吗？"如果你对这类友好无害的话题感到厌烦，渴望更有意义的交流，那么我想指出一点，你实际是假定其他人都做好了加入更紧张、更实质性话题的准备。这可不是个明智的假设。在闲聊最初的阶段，双方其实都在权衡自己要不要和对方聊下去。

现在，你可能会想："我可真是个粗鲁的混蛋！一直以来我都在嘲笑这些善良的人，一心认定他们的开场白配不上我的智力水平！"很多人都需要学会从高高在上的位置上走下来，学会友好地回应他人的善意，参与到那些看似平淡无奇的对话当中。

你在说什么并不重要，重要的是你开口和他人交流，希望促成一次愉快的交谈。不必太认真，只需要看看周围，说一些二人都能看到的愉快或有趣的事情。你当然可以对美好的事物表达赞许，这会为交流定下愉悦、轻松的基调。只要加以练习，你就能知道哪些锚定话题更容易引向深层次的沟通。当然，只聊天气也没有问题。

自我表达

天气是我们的好朋友，它是世界上最安全的开场白：中性、简单，能够为人所共享。这是个十分安全的话题，不会侵犯到个人隐私。

英国人是谈论天气的大师。在《英国人的言行潜规则》(*Watching the English: The Hidden Rules of English Behavior*)一书中，作者凯特·福克斯（Kate Fox）对此总结道："讨论天气的意义在于沟通和赞同，在于寻找共同之处，无论是唉声叹气、乐观积极、沉思推测，还是耐心坚忍，都能够增强彼此间的社会交往和社会联系。"

"在谈论天气的时候，我们心里清楚，这是大家共享的。我们从悬崖的这一边扔出一根绳子，认为无论人与人有多大区别，都会有些相同的东西。雨滴落在我的身上，同样会落在你的身上。"

"谈话对象可以针对这个话题延展开来，加入个人元素，使其更富趣味性。或者他们可以简单应承一下，一笔带过，免去卷入某类话题的风险。"

米路：你们这儿的天气真好。

尼尔：是啊。像今天这样的天气，我会带着小狗去滨海大道。那里总是聚集着很多欣赏旧金山湾区风景的人。你去过那里吗？

你看到尼尔是怎样为对话添加更多细节的了吗？他主动表达了自己对天气的看法，鼓励米路回应话题，同时延展了可能出现的新话题。接下来，米路的回应可能变成"滨海大道在哪儿？""你养的是什么狗？"，或者"从那里能看到金门大桥吗?"。

自我表达对谈话的延续性至关重要。开放式信息能够对谈话方向进行调整,对于它在谈话中有多重要,我无法强调更多了。随着聊天进程的推进,你们一定能找到双方都感兴趣的话题。

在开场白中锚定话题后,如果想进一步展开交谈,我们需要先透露一些个人信息,再请对方发言。这样做是为了建立信任感。这既是一种礼貌,也是为了帮助对方更容易地推进谈话。这就是我之前提到的态度,它能帮助你隐藏自己的不适感。这部分内容将由里奥为你说明(参见第6章)。

然而,亲密度是由你自己掌控的,它取决于个人细节的透露速度。可以这样说,如果你愿意开诚布公,可以将自己所有的信息全部公开。举例来说,有位女士说:"今天的天气真好,大概会有很多人去艺术中心。"这类的观察并没有包含个人信息。但如果她说:"今天的天气真好!这样的微风最适合去湾区驾驶帆船了。"这句话中包含了她对驾驶帆船的兴趣,表达出她对船只的兴趣。这样的开放式信息给了你选择的机会,既可以延续天气的话题,也可以向更加私人化的航行主题延伸。

想象力与专注力的缺乏,让你以前将多少闲谈扼杀在了摇篮里?是的,我说的就是你!无论有多少次,我都会原谅你,毕竟你之前从未想过开放式信息会有这么大的作用。

从聊天到谈话

关于开放式信息有多重要,我可以给你讲三个故事。在这里,你可以看到卡尔完全是门外汉,劳拉做得得心应手,而凯洛琳需要精简一下谈话内容。读一读这三个故事,告诉我你的看法。

卡尔

卡尔是个谦逊的年轻人,他在制药行业工作,职业规划要求他离开后台——他的舒适区——在商界代表公司活动。他明白这次调动很关键,需要大量的社交工作,于是他开始向我咨询。在我的工作室学习完谈话技巧后,他需要找到练习对象,这令他十分困惑。他喜欢独来独往,总是一副"别来烦我"的样子,拒绝与别人眼神接触。这要怎么办呢?他必须找到练习对象。最后,他终于在公寓的垃圾桶后面找到了愿意和他说话的人。

一天早晨,卡尔正要离开公寓,一个特别爱搭讪的流浪汉和他打了招呼。他走开了,但突然意识到这是他人向自己发出了友好的信号。对他来说,这是个重要的时刻,毕竟有一项作业是对他人的问候进行回应。于是,他转过身问候了对方。他们进行了第一次交谈,并互换了姓名。第二天对卡尔别具深意。当他离开公寓的时候,垃圾桶后面传来一声愉悦的问候:"嗨,卡尔!"有人喊出了自己的名字。卡尔感到一阵喜悦的颤动，这让他倍感惊讶。有人认出了自己，有人对自己说："你在这儿啊！"他能感到自己对被别人认可的渴望，他终于找到了正确的方法。

然而，二人间的关系并没有向深层次发展。我猜他们都受制于自己的社会阶层，难以找到更深层次的共同兴趣。他们只能停留在闲聊中"聊天"的层次上——有时是球赛，有时是天气、交通情况等——都是当下的话题。

对于这种偶尔的聊天，卡尔和他的"垃圾桶朋友"都很满意。他们确实有可能通过生活细节的交流增进友情。但如果没有深度交流，双方就不会产生联系。

卡尔曾搭过顺风车来我的办公室咨询，我决定用他身边现有的资源尝试另一种可能性。我让他坐到副驾驶的位置上和司机聊天。这显然不符合他的日常习惯，但新习惯也能就此养成。我请他复述搭车期间了解到的司机的情况。第一个司机来自尼泊尔。我问："好的，那么你知道他叫什么名字？他是什么时候来到这里的，原因是什么？他是以哪种方式来到这里的？哪些事让他感到很吃惊？他最想念尼泊尔的什么？"

卡尔问到了对方的名字，能说出车的样子，尼泊尔的部分也说得很清楚。他还发现这个司机喜欢接"来福车"[①]的订单，那天的交通状况挺不错，但内容仅限于此。我向他保证下一次一定能做得更好，同时鼓励他对对方产生好奇，对旅

---

① 来福车（Lyft），仅次于 Uber 的美国第二大打车应用，主攻拼车业务。

途抱有想象,从自己的空间走出来,与对方融合在一起,并想象自己接下来要向观众介绍对方。

一周后,卡尔的司机换成了也门人。"你到底是怎么到这里来的?"卡尔这样问。这一次他进步了,甚至比第三次遇到苏丹司机时表现得还要好。你可以想象出可怜的卡尔是怎样费劲地隔着苏丹文化努力与对方交流的。咨询随后进入下一个阶段,卡尔需要透露一些自己的信息,以便在聊天中与对方保持平等的位置。

"那么,阿合曼对你有多少了解呢?"我问道。"我说的是:'摩洛哥!哇哦,可真远啊,我从没去过那里。当然,我压根儿没出过国,如果去加拿大不算数的话。'"这就是卡尔向对方透露的可怜的一丁点信息,但这终究是一个开始。在阿合曼之后,是来自关岛的埃迪,然后是旁遮普族①的阿马尔。卡尔没有意识到,在搭车的过程中自己已经开始与世界接触,并且能就自己感兴趣的内容深入挖掘下去。当然,重点是要培养好奇心,对他人有欣赏之情。感谢友善的来福车司机,你们甘愿成为客户的猎物。谢谢你,来福车。

劳拉

我曾在医学会议上和好友珍妮特一起做演讲,她是旧金山的医师。晚上,我们在一家小餐馆吃饭时遇到了劳拉,她

---

① 旁遮普族(Punjabi),主要居住在巴基斯坦,是巴基斯坦的主体民族。

是来自东海岸的退休心理医生，会议期间我见过她。于是我邀请她和我们一起用餐，并把她介绍给了珍妮特，她们二人很自然地聊了起来。为什么呢？因为这个圈子属于"*我们*"。她们两个都是参会的女医生，又都认得我这个中间人，我可以充当介绍人。显然，我们是同一个圈子里的人。

话题聊到我的膝关节需要接受手术时，劳拉提到了一位医术精湛的骨科医生，名字叫李·洪（Lee Hong），他们35年前曾是医学院的同学，当时还是男女朋友。她说自己已经很多年没有见过他了，不知道他现在在哪里。这时珍妮特插嘴道："我告诉你他在哪儿！他的办公室就在旧金山，离我的肾脏诊所只隔了两扇门！"

嘿！之后她们真的去找李·洪了。

这个故事充分体现了漫无目的的闲聊是多么有趣，你随口说出一些个人情况，交谈就有可能转变成具有实际意义的谈话。

我们来看下一个故事。

凯洛琳

我曾是加州大学伯克利分校商业发展课程教学小组中的一员。那时，教员们都会搭乘一辆车从旧金山来到伯克利，除了这每周一次的拼车，我们几乎可以算是陌生人。有一次，教授会计课的老师凯洛琳说，自己下周不来了，要去探望家人。

我：他们住在哪儿？

凯洛琳：北边。

我：北边的哪里？

凯洛琳：华盛顿。

我：华盛顿的哪里？

凯洛琳：西海岸那边。

我：西海岸的哪里？

凯洛琳：在普吉特海湾的一个岛上。

我：哪个岛？

凯洛琳：瓦雄岛。

我：我就是在瓦雄岛上的小学。

凯洛琳：我也是！我上的是波顿小学。

我：我也是！

最终我们发现，我们一年级和二年级时竟是同学。是不是很神奇？但这样具体的个人信息真是来之不易。看看我为了挤出这几句话费了多大的劲儿！

∞

我希望你想找人聊天的时候，不用跑到垃圾桶旁边。但是，无论是在哪里遇到新朋友，我们都掌握了从闲聊向实质性谈话转化的技巧：你需要主动透露一些具体的个人信息。如果读到这里你只能记住一件事，那么就应当是上面这句话。需要牢记的是，尽量把名词具体化——如果能说"华盛顿"，就不要说"北边"。我对你回避的借口不感兴趣，我只对具体名字和时间感兴趣。去试一试吧。

鼓励发问

20世纪80年代中期，我曾有幸和朋友在英格兰萨里的一个奶牛场里住了几天，场主是一位"二战"退役军官和他的妻子。他来火车站接我们，并且花了一个早晨带我们参观农场和农用设备。之后，我们坐在维多利亚风格的客厅里和他的妻子一起喝茶。我们彼此尴尬地用笑容来化解沉默。最后，这位退役廓尔喀族①英国军官的夫人鼓起勇气开口说道："我们这里很久没有来过美国佬了。"她停顿了一下后，笑着继续说："希特勒可真是个坏蛋，你们说是不是？"

我们只能点头称是，话题也就到此为止了。我认为应当颁给她一个"闲聊界最勇敢努力奖"，站在她的角度上，其实可以选择更能调动气氛的话题。

当我们锚定了话题，希望表达观点的时候，可以用提问的方式鼓励对方，调动谈话气氛。但要注意避免提出"是/

---

① 廓尔喀族（Gurkhas），居住在尼泊尔中部廓尔喀等地的民族。

否"类的问题。虽然这样的问题能够引起交谈，但是对方真的有可能只回答"是"或"不是"，之后你只能另寻话题。

很多年轻人和一些在国外出生的人不擅社交，因为他们没有抓住提问的目的（即展开话题）。于是，他们只针对特定问题给出答复（比如前文中提到的凯洛琳）。这样的聊天很无趣。我们最好能提出开放性的问题，提出具有挑战性的问题。这样的提问抛出了话题，也给对方留出了充分的回应空间：

你觉得演讲人讲得怎么样？
来的时候停车顺利吗？
本地人一般什么时候去滑雪？
哪家店的女装最好？
你用的是什么鱼饵？
这家爵士俱乐部怎么倒闭了？

记者惯用的提问方式是何事（what）、何因（why）、何处（where）和何法（how），如果你也想鼓励谈话对象做出完整的回应，可以借用这种方法。最后你很可能会得到对方更多的个人信息，用以继续维持交谈。

珍妮：你觉得请个牵着动物气球的小丑演员怎么样？
卢克：说实话，自从给我家5岁的孩子买了气球套装当生日礼物后,大部分动物气球她都会自己做了!

此时出现的备选话题是聪明的 5 岁小孩和气球。根据这两个话题,接下来可以怎么聊呢?

珍妮:气球套装!我从没想过给小孩子买这个。我有个 4 岁的侄女特别聪明,她住在西雅图,我打赌她一定会喜欢的。这种气球你是从哪里买的?

我们可以从珍妮这里得到一些启示。顺着话题提问是种很讨巧的回应方式,这说明你对这个话题非常感兴趣,希望继续了解。这同样是一种面试技巧,能够帮助应聘者多多发言,拓展话题维度。

展现你的热情

我想给你讲一个故事。它起始于一双送去修理的红色天鹅绒拖鞋,终止于聆听迪特里希·菲舍尔-迪斯考[①]歌声的夜晚。

那天我去家附近的小店里取鞋——那种可以修理鞋子或真空吸尘器的小店。这家店很实在,破损再严重的东西也能

[①] 迪特里希·菲舍尔-迪斯考(Dietrich Fischer-Dieskau),德国著名男中音歌唱家,尤其擅长演唱舒伯特的歌曲。

修好。就在修理人员去店后面取拖鞋的时候，我看到墙上高高地挂着四张褪色的威尔第歌剧演出海报。

店员拿着拖鞋回来了，说道："原来你也是歌剧爱好者。"

这时我才发觉自己刚才独自哼唱的是《圣洁的阿依达》[①]。

我：看来你也是！

他：是的，我确实很喜欢。但我最喜欢的是艺术歌曲[②]，德国艺术歌曲。

我：真的吗？我去听过约翰·雪莱-奎克[③]的艺术歌曲演唱会，就坐在他面前的地板上——当时演出场所太小，票全卖光了。他真的很棒，这你也知道，但给我印象最深刻的是看到他脸上汩汩流过的汗水，汗滴停在他的睫毛上。那正是奏乐最弱的段落，他声音婉转，眼睛都没眨一下！自制力真是太强了！

他：那你一定要去听听菲舍尔-迪斯考！他是艺术歌曲之王。当然，舒伯特是不得不提的。没有人能把舒伯特的作品唱得像迪特里希·菲舍尔-迪斯考那么好！这简直……我说不上来……他的声音里有种特别的……我也不知道。总之

---

① 《圣洁的阿依达》（*Celeste Aida*），意大利作曲家朱塞佩·威尔第（Giuseppe Verdi）歌剧《阿依达》（*Aida*）中一首著名的咏叹调。歌剧讲述了埃塞俄比亚公主阿依达与埃及青年统帅拉达梅斯之间悲剧的爱情故事。

② 艺术歌曲（lieder），19世纪浪漫主义音乐的一种独特的艺术表现形式，是诗歌与音乐结合的一个歌曲种类，尤以浪漫主义音乐大师舒伯特的作品闻名。

③ 约翰·雪莱-奎克（John Shirley-Quirk），英国著名男中音歌唱家。

美妙无比。

我：那我一定要听一听！我 13 岁的时候听过玛丽安·安德森①唱的《魔王》(*The Erl-King*)。当时我自己坐在第一排，因为我去得比所有人都早。长话短说，当她唱到小孩子那部分的时候，从舞台上径直走到了我坐的位子前。没唱多久，我就丢人地哭了起来——但那是安德森在讲故事啊！当时我根本不明白发生了什么。

他：我明白。我明白你的意思！

看呐，这就是"*闲*"聊！我想这正是你所期盼的交流：态度坦诚、你来我往、兴奋刺激。

之后他绕过柜台，拉起我的手开始自我介绍："我是常。"我回应道："我是克萝尔。"此时我们变成了朋友。那天晚上，我在网上听了迪特里希·菲舍尔-迪斯考的作品，那也是常听过的曲子。

那么，假如我们最初是在街区举办的派对上遇到的，我的问题可能会是："你是做什么工作的？"他的回答可能是："我是修鞋子和真空吸尘器的。"正是因为他把自己的爱好贴在了墙上，而我又鼓励他继续就这个话题讲下去，才使我们从搜肠刮肚寻找话题的苦难中摆脱了出来。

我们来看看这样可遇而不可求的对话是怎样发生的吧。

---

① 玛丽安·安德森（Marian Anderson），美国黑人女低音歌唱家。

在真空吸尘器和鞋子之外,常把自己热爱的东西展示了出来——抛出开放式信息。这个故事的价值在于:我们需要了解自己喜欢谈论什么,以及怎样表达能使对方更容易理解。

你是做什么工作的?

"你是做什么工作的?"这句话是人们最常用的开场白,至少在我周围是这样。在很多圈子里,工作是一个人最重要的标签。但也有不少人认为这个问题不合时宜、无聊、失礼、没有创意,可能会冒犯对方。

在"刺探"对方职业前,你需要考虑清楚,有些人并不愿意用工作来定义身份(欧洲人尤其抵触这类问题)。想要了解对方,我们还有其他替代问题。

> 你周末一般会做点什么?
> 你会向游客推荐什么?
> 周六带孩子们出门有什么好去处吗?
> 你参加这里的志愿服务组织有什么感受?

但我们还要承认,职业确实能够帮人打开话匣子。也许对方从事着很有趣的职业,正好可以作为谈资。莉尔·朗兹在《如何与任何人谈任何事》(*How to Talk to Anybody about Anything*)一书中提到,对于一些不同寻常的职业,你可以提出很多好问题，它们能帮助你展开一段有质量和信息量的交流。但如果对方的职业没这么有趣怎么办？此时你就需要提出一些有见解或具有挑战性的问题，把谈话变得有趣。

对卖鞋的人来说，什么问题有挑战性呢？大概不会是"你做这行多久了"，或是"你为什么开始做这行"。并不是这些问题不好，只是它们没有意思。

好问题能引人思考，做出判断。

引起对方的兴趣是件很有趣的事。下面是一些选项：

你觉得男人更难取悦，还是女人更难取悦？
什么样的顾客最让你崩溃？
如今的鞋大部分产自哪里？
其他国家生产的鞋和美国生产的鞋在质量和价格上有什么不同吗？
你觉得明年会流行什么？
哪种是时下最流行的男士运动鞋？

作家兼科技公司企业家保罗·福特（Paul Ford）在他的社交博客平台 Medium 上对"介绍职业"的看法相当激进。他在博文《如何保持礼貌》(*How to Be Polite*) 中写道，如果对方是刚刚结识的人，他尽量不去问对方是做什么的，但如果说到这个话题，无论对方从事的是哪种职业，他都会回应:"哇哦,听起来真是不简单。"

仔细想一想,谁会觉得自己的工作简单呢?你还能想到更好的表达同理心的方法吗?

∽

锚定、表达和鼓励需要通过反复练习,才能达到熟练使用的程度。练习意味着你需要不断地说,反复地讲。重复能帮助你将其强化为动作记忆,直至它们变成一种自动的行为模式。我知道你会觉得这种做法有点儿笨,但你需要把这些灌输进自己的脑海里。

你可以选择在熟悉的地方练习,不要因为笨拙摸索而灰心丧气。如果实在无从下手,可以从书里挑选适合的内容来练习,稍微变动一下,不断重复。

(锚定)天气不错啊,是吧?

(表达)我看到他们在草地上搭起了帐篷,也许是觉得要下雨了。

(鼓励)你觉得呢?

这就是闲聊的开始。练习能帮助你适应真实世界中的社交,你绝不会后悔。

第 6 章 只需要说：你好，里奥

你好：世界和平第一词

"我看起来好像连环杀人凶手。"

里奥看完我们最初的访谈视频后，说出这样一句话。

他是对的。视频里他面无表情地眯着眼，几乎没有任何肢体语言，平板的语调惜字如金。我快速瞥了一眼门口，确定通往走廊的门是半开着的。

里奥的社交生活一直很失败。虽然他的受教育程度很高，但总也找不到与之相匹配的工作。他拥有常春藤名校的博士学位，却在养牛小镇上从事着一份学士级别的工作，其间经历了种种痛苦与辛酸，屡遭他人拒绝，在工作中无人赏识。他不怎么与家人联系，平日树敌很多，好朋友和女朋友却很少。

他在邻里关系中同样备受冷遇。这也是他找到我的原因。他所在的业主协会（HOA）通过投票决议，居民可以在他窗下的草坪上遛狗。狗的叫声、人的讲话声令里奥不胜其扰，内心满是怨愤。他给协会写信投诉，但效果甚微。

我：里奥，你和管理人员谈过这件事吗？
里奥：没有。我从没和楼里的任何人说过话。
我：但你已经在那里住了 3 年了。肯定有你认识的人！
里奥：不，我连看都不看他们一眼。

里奥已经完美地掌握了"隐身"的超能力。

如今他已年近 40 岁，慢慢觉察到可能需要外界帮助自己缓解社交障碍。我是他寻求帮助的第一个人，这是他第一次尝试。

凭借着敏锐的洞察力和丰富的治疗经验，我为他设计了迈向外界的第一步。当他下次乘坐公寓电梯的时候，要看着同乘的每一个人的脸说"你好"。

你我都知道，一句"你好"，加上一个微笑或是一次握手，是我们最常见的开场白。对里奥来说，微笑和握手都不成问题，但说一句"你好"几乎等同于让他自杀。不知情的人还以为我是要逼着他从正在航行的飞机上跳下去。

在本书中，你会看到一些压抑自己社交需求的人，他们不知道怎样进行社交，不知道自己应该说什么，或是怎样才能习得这种能力。几乎所有前来向我咨询的人都表现出了对友谊和归属感的强烈渴求，他们希望能和别人好好相处。我之所以说"几乎"是因为里奥的存在，他从未表现出渴望他人进入自己生活的意愿。他仿佛是在向我宣告，自己瞧不起这些"小动作"。

在我眼中，正是由于里奥缺乏社交能力，才有了这种尴尬的表现，而尴尬又被优越感（蔑视）掩盖了起来，于是培养友谊的办法只剩下一种：闲聊。

里奥的情况并不罕见，我们每个人都有过"我讨厌闲聊"的时候。之所以不喜欢，是因为自己不擅长。闲聊让我们感到不自在，生怕对方看到自己愚蠢的表现。

里奥的悲惨生活让我思考了很久。我眼前浮现出了赛马的场景。马儿们走进马厩准备参加比赛——只有一匹马特别害羞，因为害怕所以拒绝进去，它无法融入马群中，所以对合群的同伴们表现出蔑视之情。这就是我们的里奥啊！

如果不走进马厩，无论多聪明的马也赢不了比赛。你找不到工作，不合群，没有朋友，更找不到女朋友。

里奥把恐惧伪装成愤怒、蔑视和优越感，掩盖住自己的挫败反应。当然，我尝试着引导他去看心理医生，但他没有去。他只想让我来帮助他，我是被他选中的人。为此，我已经把报警电话设置为速拨号码了。

他似乎能够接受我的见解，也同意应当做出改变。我为他勾勒出的行为方式，他也假装听了进去。我感觉自己正在用钓鳟鱼的线钓鲨鱼。他真的很喜欢听我谈论社交行为，好像这样就能帮助他更好地与人交流一样。说句"你好"吧，里奥。他说他会考虑一下这件事。好吧,"这件事"自始至终都没有发生。

里奥向我咨询的时间并不长,原因是他根本不想改变,而是希望别人改变。他并不是唯一一个想让我施展魔法的人。他们一般会说:"要对付……这样的人你会怎么做。"而我的回答通常都是:"要视具体情况而定……"因为事实就是如此,这是个不能触碰的复杂话题。但是,如果想要避免自我改变,那非常容易。

不要效仿里奥。我"*真的*"希望你能理解这一点,做出一些改变,获得更多愉快的社交和谈话体验。我有很多调整社交态度和社交行为的方法,它们能够帮助你在这些场合中表现得更优雅得体,变成流利、轻松且更有魅力的闲聊高手。但是,一切都始于这句"你好"。

第 7 章　社交生活从零开始

怎样让生活值得一谈

接下来，我要再给你讲一个关于社交生活孤立的故事，但故事的结局比之前的里奥要好。本的遭遇源于他社交知识和外部帮助的匮乏。也许你也有过类似被孤立的体验，仿佛置身于井底。但你终会发现周围的环境并没有你想的那么糟糕（希望如此！），本章将带你探索一个全新的社会行为领域。

∞

从前有个来自中国的年轻人，他的名字叫作本，在旧金山附近的硅谷工作。他是计算机专家，整天坐在屏幕前。每天中午，他会和几个讲中文的男性朋友一起进餐，晚上大多数时间也是在屏幕、计算机和电视机前度过的。

一天他突然得知，如果自己想在未来的工作中获得晋升，就必须提高自己的语言表达能力,于是他聘请了一位语言病理学家(对,就是我)。他勤奋地练习,表达能力显著提高——但仅限于在我的办公室里。

练习的目的当然是要把新技巧运用到实际生活的交谈之中。但本有一个问题,他在生活中根本不和别人用英语交流。他没有讲英语的朋友,也不与讲英语的人群有什么关联。这就是他需要改变的地方。

社交生活从零开始,在改善表达能力的同时,他必须先"有生活"。我们需要找到让他能够运用这些谈话技巧的场所。

∽

你有聊天的对象吗?你对社交生活满意吗?你是否退休、丧偶、生活拮据,只能窝在沙发上看电视?你是否是空巢老人,看着孩子长大找到共度一生的另一半,远远地在地球的另一端生活?当同龄人都去看球赛、开派对的时候,你是不是那个一头扎进书里的书呆子?你是否刚搬到新地方,一个人都不认识?

那么我会给你和本一样的建议:

出门去!哪怕是喂喂鸭子也行!行动起来!

出门去！

花时间寻找新的社交联系和社交环境，在那里你可以提问、回答，可以开玩笑或表达同情，可以和别人一起八卦，讲下流故事，甚至只是吹吹风也好——你可以体验社区中聊天的友好氛围。把注意力从自己身上移开，从自己的房间移开，看看外面的世界吧，这会对你社交技能的提升大有帮助。

哪怕是喂喂鸭子也行！

对主动搭讪的人来说，"找到可聊的东西"是最令人尴尬不适的环节。所以不如到自己最擅长的领域中去，寻找可分享的话题。

辨别出最有可能与你有共同之处的人。如果你知道对方和你有共同的兴趣，那么闲聊从一开始就有了主题。兴趣可以帮助你搭建一个简单、稳固的三角区域：你们可以分享讨论中性的公共话题，比如天气、喂鸭子、篮球比赛、热门餐馆，或是喜爱的乐队。

行动起来！

如果想融入对话当中，你需要做出一些努力。如果一开始有些紧张,做一次"壁花少年"把自己隐藏起来也未尝不可,这会让你更放松。也许这是初次尝试最好的选择,借此机会你可以了解当下的环境,观察人与人之间的互动。但你不能一直躲在一旁,否则只能寄希望于别人来主动找你谈话。你需要给别人一个容易接近你的机会。

∽

回到本的故事。我要求他做的是:

- 思考自己的兴趣爱好是什么。
- 找到对这个爱好感兴趣的人群,他们必须是讲英语的。
- 调整自己的社交倾向,多接触一些讲英语的人,少接触一些讲中文的人。

我知道你在想什么。这听起来太容易了是不是?但本真的不知道该怎样在新环境中锻炼自己的表达能力,对他而言这些功课是必要的。站在本的角度思考一下。想象自己来到一个陌生的国家,语言水平只有小学二年级左右,你要怎么完成文化上的转变,学会使用这门新语言呢?相信你也会承认,这是一件很困难的事。

不过我要说的是,本不是里奥。他笑容亲切,穿戴整齐,发型利落,他会很受女性的欢迎。

于是我们开始思考,试着回忆他在进入科技领域前有什么感兴趣的活动。我们有意避开了与中文和计算机相关的内容。本的任务是：

- 参加聚会、课程和活动，以便与他人接近。
- 至少和三个人打招呼，下次咨询时告诉我他们的名字。
- 在活动中积极担任志愿工作。

这个计划对本很有效。他选了烹饪课，获得了课程中女性学员的青睐。他说，自己当时脸都红了。

这个计划或许对你也有效。想想自己有什么感兴趣的东西，寻找类似的聚会自我展示一番吧。要行动起来。

如果你周围也有本这样的人，可以把这个方法推荐给他，帮助他学会"享受生活"，或是变成一个好厨子。

第 8 章　变得更有魅力

还记得奶奶是怎么说苍蝇和蜂蜜的吗?

人们总是有很多备选的交谈对象。引人注目会增加你被选中的概率,这就好像蜂蜜会招苍蝇一样。如果你看起来很精神:

- 会自我感觉良好(自信)。
- 其他人能感受到你对这次活动的重视,也能感觉到你对自己的尊重。
- 人们对你的印象会比你最初预想的好很多。

本章中,我会告诉你怎样在社交生活中表现出魅力。你会了解为什么要好好打扮自己,如何好好打扮,为什么衣着要与社交环境相匹配,以及如何利用魅力使交谈顺利进行。请注意,本章并不是教你如何打扮,如何用外表给人留下好印象，我并不打算教你怎么花钱，也不会让你感到不适。

人们能以很快的速度看相识人，速度单位是毫秒级别的。我们非常擅长解读自己看到的东西，所以你看起来越精神（记住，是相对平时而言！），人们对你的评价就会越好。如果我是你，我一定会抓住这一点。

（对此我想解释一下，如果你本身就已经是极富魅力之人——或是对这个话题感到不适——完全可以跳到下一章阅读。你肯定会喜欢那里的内容！）

这样做有什么好处呢？一边是你鼓足了勇气，向着聚会上一个看起来十分完美的谈话对象走去，而另一边是静静等待陌生人鼓足勇气走到你面前，你更喜欢哪一种？

如果你一时无法选择，我会告诉你答案：被人搭话的感觉好极了。

如果你在他人眼中很有魅力，你就占据了有利地位。

"以貌取人"的说法十分古老，但已经有数以百计的校园研究充分证明了二者之间确有联系。研究一般是这样设计的："这里有18张女大学生的肖像照。请根据她们的外貌进行排序。"随后打乱照片顺序，请受试者根据照片的受欢迎程度排序。接下来是考试成绩、性格、整洁程度排序等。猜猜看排序结果是什么？是的，无论测试的是哪一种特质，结果都是根据漂亮程度进行的排序。

好看的人会给人留下很好的印象。这样的人看上去似乎更诚实友善，拥有更高的道德水准。人们认为这样的人更成功、更受欢迎、更聪明。他们更容易获得优待，也更容易在工作中获取更高的薪水。

这里需要记住的是：

- 魅力能帮助你更轻易地在竞争中胜出。
- 对"*我们*"和"*他们*"的区分是在眨眼间完成的。
- 在闲聊的时候，展现出最有魅力的一面能使你受益良多。

也许你还是不相信。我可以理解，你会想：何必搞得这么麻烦呢？我没有必要靠穿衣打扮给人留下好印象。对方应当喜欢的是我这个人，而不是我的外表。

对此我有三点不同看法：

1. 当你好好打扮的时候，谁是最高兴的人？是你自己。挺直腰杆的感觉非常好，这对建立自信心有奇效。如果你对自己的评价很高，对别人也会更友善，你释放出的善意会促进人际间的互动。

2. 你真的认为"你"和"你的外表"是两回事吗？我并不这么认为。如果对方没有在第一眼对你留下好印象，又怎么会进一步发现你其实是个好人呢？

3. 你究竟想成为"我们"还是"他们"？假如你预见到某个社交场合中自己是个*"他们"*（这确实会让人感到非常焦虑！），适当的自我展示能帮助你传递善意，从而变成*"我们"*。

努力展现出最好的状态能让你看到最好的自己，也能给人们留下最好的印象。

从内而外

我所说的魅力并不是特指外表的魅力。在社交场合中，最具有吸引力的往往是人们的面部表情。以我的朋友帕特里夏·弗里普（Patricia Fripp）来举例，她是能为房间增光添彩的那种人。帕特里夏曾任美国国家演讲者协会主席，是公众演讲专家，正如我们前面所说，她每次出现时都打扮得干净利落、整整齐齐。但她的魅力并不在于衣着和妆容，而是在于性格。她有热情、有活力、有幽默感，也有一副好心肠。无论看到谁，她都会高兴，而且喜欢结交新朋友。有谁会不愿意结识这样的人呢？

通过接触这样的人，我们可以观察到魅力究竟从何而来，以及自己能够从中吸取什么经验。我来告诉你怎样做。

为了表现出你最好、最真实的面部表情，我建议在家中进行练习。酝酿出一种你想表达的情绪，通过面部表情表现出来。不需要刻意摆出某种样子，那样只会显得紧张虚伪。在脑海中重复这些句子，让感情从面部表情中自然而然地流露出来。

> 我看起来真不错！
> 别人喜欢我！
> 我有个不为人知的秘密！

最后一条"不为人知的秘密"会让你眼中闪闪带光，使你看起来就是个聊天很有趣的人。（有些我认识的女客户会买一些非常漂亮的内衣作为自己的"秘密"！）在镜子里看看这些想法对你的面部产生了什么影响吧（尽量不要在开车的时候做这件事）。

还有另一种让你散发出迷人魅力的方法。如果你不认识周围的任何一个人，而且感到特别不安，试着拿出自己最热情洋溢的一面积极融入活动之中，主动为他人提供帮助。这比干巴巴地站着要好得多。

帕特里夏总会带着好奇和热情走到人群之中，她的脸上因此洋溢着光彩。你肯定见过（或者自己曾是）那种在活动中站在一旁，消极地等待别人来搭话的人。如果你能看到自己枯等时的面部表情，再看看自己与人相谈甚欢时的表情，一定会感谢我帮助你注意到这一点。发现这一点也许需要一些时间。

根据场合选择着装

说到穿着问题,你可以联系活动召集人,询问有什么要求。我有个朋友要出城参加一个高级派对,因为不知道该穿什么,她打包了三套衣服。像大多数人一样,她不希望自己因为穿着问题而闹笑话。于是她躲在酒店房间里,把丈夫派出去打探情况,根据情报选择最适合的衣服。

我想给你讲个用饰品打开话题的故事。有一次我走进电梯(里面都是陌生人),注意到一个女人打扮得特别漂亮。走出电梯的时候,我径直路过她身边悄悄说:"你的耳环真好看。"而她几乎是立刻做出了反应——没有任何眼神接触——"你的腰带真漂亮"。电梯门关上了,我们只说了这两句话。但我必须承认,每次想到这件事我都会笑出声来,原因实在没办法解释清楚。

如果你在聚会上看到一个戴着亮闪闪帽子的女人,那有可能就是我的朋友帕特里夏——一个个性闪亮的女人。其实她可以把帽子摘下来,但谁会忍得住不对这样的帽子评价几句呢?几乎没有人做得到。

如果你不戴帽子,至少戴一些能够引起关注、话题的其他饰物。我说的就是你们,那些更愿意等待别人向自己靠近的害羞的人。

领带曾是男性的必备饰品,现如今已经过时了,运动鞋和T恤更能适应多数休闲场合。就连文身也是个不错的谈资!

如果你是扶轮国际①这类社会团体中的一员，领口会配有一枚特殊的胸针。是的，这个标志只在社团内部有效，但也给了其他人谈资。这样的内容可以让聊天顺利展开。

女性的衣柜里可供选择的小玩意儿更多。如果你希望别人靠近你，可以穿戴有趣的首饰、围巾和鞋子作为"诱饵"。胸针也是一个很好聊的话题。

男：这枚胸针真别致，我猜背后一定有特别的故事。

女：哦，是的。这是我去年圣诞节跟随英联邦俱乐部前往圣达菲②的一次艺术之旅途中买的。胸针上的土狼和蛇是阿那萨齐族③的圣物。我很喜欢它。

到了这个时候，如果你还不知道能聊点儿什么，我会感到非常惊讶。我猜这个男人可能会回应道："哦，是吗？嗯……"话题就此打住。但对方已经为他提供了多个可供选择的话题：

我很喜欢圣达菲。

圣达菲的圣诞节是什么样的？

---

① 扶轮国际（Rotary），由商人和职业人员组织的慈善团体，在全球范围内推销经营管理理念，并进行一些人道主义援助项目。
② 圣达菲（Santa Fe），美国新墨西哥州州府，曾是印第安人居住地。
③ 阿那萨齐族（Anasazi），又称普韦布洛印第安人，曾生活在今天美国的亚利桑那州东北部及其周边。

阿那什么？

你是英联邦俱乐部的成员吗？我也想过入会。你经常参加他们的活动吗？

为什么蛇会被当作圣物？这实在令人费解。

名牌上的小花招

通常在会议和社交聚会中，人们都会佩戴自己的名牌。当然，你也会这样做，这是一种人际间破冰的简单方法。但我请你考虑一下，把自己的名字写得大一点、清晰一点，不要让别人把脸凑到你胸前 10 厘米的地方才能看见。名牌固定在右侧胸部上方，当你伸出右手握手时，对方可以轻易看到你的名牌。更巧妙的一点是，当对方和你说话的时候，名牌也能出现在他的余光范围之内。

名牌本身能成为话题吗？上面可以添加哪些吸引人的艺术元素呢？

我来讲一个自己的故事。有一次我去参加街区派对，几乎不认识这里面的任何人。于是，我在名牌上画了一个家附近的十字路口，用交叉线画出了街道的样子，黑色的小方块圈定的就是我家的位置。对此，大家都表示很喜欢。

男：哦，我知道这是哪里，我的朋友就住在隔壁。你认识帕特里克·奥莱利吗？

我：当然，我认识帕特里克！

这幅小画帮助我迅速找到了双方都感兴趣的话题，为我们在闲聊中联络感情提供了动力。

第 9 章　变得更有意思

为什么说知识是闲聊之光

罗西希望别人能更多关注到自己。她男朋友的社交圈子多是酒店行业的从业者，他们常常聚在一起聊本行业的事。聊天的时候，罗西只能在一旁安静地坐着，仿佛不存在一样。她对我说，自己大脑一片空白，什么都说不出来。"和他们在一起的时候，我的脑子好像冻住了一样。我到底是怎么了？"她问我。

看到这样的情境性缄默症，我脑海中飞过许多种可能的诊断。我问罗西还有哪些情形会让她有大脑冻住的感觉。但除此之外，她并没有出现过类似的状况。

所以这种病症只会在讨论酒店行业的时候出现？

"*是的。*"

她有没有学习过酒店管理相关的课程？"*没有。*"

　　有没有读过这方面的杂志？"*没有。*"

　　有没有和男朋友一起参加过行业研讨会或专业会议？"*没有。*"

　　她对这个行业有什么了解？"*完全不了解。*"

　　朋友们，我承认当时我非常震惊，过了好一会儿才意识到她处在怎样的窘境之中。她知道自己对酒店行业一无所知，又想知道为什么别人在谈论这个问题时，自己的脑子会像冻住一样，她希望从我这里获得医学诊断。于是我回答，她把脑瘤和无知搞混了。

　　罗西不知道自己不明白的是什么，也就是说，她需要对一个话题有所了解才能参与到讨论当中。跳过长篇大论，我直接为她解释大脑冻结的问题。我告诉她，她的大脑完全正常，和别人聊感兴趣的话题时也可以滔滔不绝。只是，如果她想要参与到男朋友的聊天圈子里，就必须了解酒店行业的相关知识。

　　这条建议同样送给你。和博学的人聊天时，你是否曾因插不上嘴而困惑沮丧呢？你微笑、点头、努力倾听，但还是为自己开不了口而倍感懊恼。

　　为了提高自己的谈话水平，你至少需要做到下列建议之一（最好能够全部做到）：

- 了解人们想要谈论的话题。
- 关于这些话题,你有一些看法。
- 有能与他人分享的个人经历。
- 有想与他人谈论的生活和爱好。

显然,对于如何丰富闲聊内容并没有一定之规。上面的任何一条建议(或是全部)你都可以选择。正是各式各样的信息、观点和活动,使得聊天变得有趣。

如果身处社交场合时,你会像罗西一样感觉大脑冻住,我建议你扩充一下谈话内容,找到有趣的交谈话题。保持对当下时事的关注,进行思考,设想一下如果与别人谈论起来,自己要发表怎样的观点。注意尽量避免模棱两可的回应,因为这样的回应会打断谈话的节奏:

哦,是啊,我看到了。
我听说了。
我注意到了。

这类回应也许会鼓励(或打击)对方,但终究无法让交谈变得有趣。你只不过扮演了一个顺从又面目模糊的角色。

有见地的人最健谈。

做有趣的事

我想你一定喜欢和那些做过很多事、知道很多东西、去过很多地方、思想很活跃的人一起聊天。你想听对方向你抱怨侍花弄草时扭伤了后背，还是讲述穿越土耳其北部的旷野之旅呢？长期蜗居家中、没有个人爱好、不愿前往大家都感兴趣的去处，这样的经历很难让你变成一个有趣的交谈对象。

我认识一个非常害羞的医生，他为了掩盖闲聊带来的恐惧，会特意去异国他乡旅行，这为他带来了不少有趣的话题。无论是前往中国西藏的艰辛之旅，还是在加拿大育空地区的北极熊历险记，都相当吸引人的眼球。这个方法对他非常有效！

你可以在网上选修会计学入门，也可以选修精酿啤酒，或者学习推理小说写作或摄影。嗯，你觉得哪一种听起来更有意思呢？我同样推荐你加入国际演讲俱乐部，帮助你在众人面前流利而自信地演讲。你可以先在一小群友好的人面前，试讲自己漂流科罗拉多河的冒险之旅，不断练习并得到反馈意见。即兴演讲是另一种帮人锻炼快速语言组织能力、应对临场提问的好办法。考虑到大多数闲聊的节奏，也许这正是你所需要的。

在下面的交谈中，你能看到双方怎样凭借着深思熟虑的观点、理智的交流把闲聊变得有趣。他们都有自己的看法，但都为对方留出了参与的空间。

约翰：如果有两人竞选董事会董事，我认为有必要让双方分别提供竞选声明，这样大家才能投出理智的一票。否则，竞选最终会充斥着流言与个人偏见。

露西：我相信这种做法适用于大多数情况，但从目前实际来看，我认为这样做只会加剧内部分裂，败选会导致一方成员离开。我们禁得住这样的成员流失吗？

还有另一个例子：

吉塞尔：我认为当下的极端天气正是全球变暖的结果。洪水、干旱和飓风都比往常多了。

艾瑞克：有可能，但我认为从长远来看，很难分辨出哪些是正常波动。不管怎样，全球变暖是否是真的，我们在这里也很难看得出来。

加文：你们真是酷爱饮料①喝多了。上帝自有他的安排，是人类的傲慢让我们产生了自己能够参与进来的幻觉。

---

① 酷爱饮料（Kool-Aid），卡夫食品有限公司旗下的一种果味速溶饮料粉。1978 年，美国琼斯镇曾发生过一起邪教惨案，约 900 名教徒喝下掺有氰化物的酷爱饮料集体死亡。后"喝酷爱饮料"指盲目听信他人而误入歧途。

求同存异

上面的例子说明了另一个重要的观点：如何在意见相左的时候礼貌地表达自己的意见。

你会用激烈的言辞和态度来表达意见吗？换句话来说，你会把激烈的情绪表露出来吗？这在政治演讲中也许会起作用，但在多数社交场合中，比如去别人家做客或是参加行业聚会的时候，这种方法就不合时宜了。任何"挑起争端"的行为，都会被视为不礼貌的举动。聚会的主人（或女主人）都希望你能表现出文明的谈吐。对这一规则的公然挑衅，只会招致记恨和流言。

但这并不意味着你必须违背自己的感受。绝不是这样的！在不提高音量、不出言讥讽或贬损对方的前提下，你可以用文明的方式表达任何观点。

首先，你需要将谈话对象和他所持有的观点区分开来。在必要的时刻攻击观点，而对对方抱有其他看法的权利予以尊重（你大可以深入了解背后的缘由）。即便是观点相悖，你也可以为对方创造出轻松的表达氛围，不要让对方觉得对面站着一支行刑队。我推荐你使用下列表述方式：

你的观点很有趣！虽然我的看法和你完全相反，但很高兴能听到这个角度的观点。

听起来这对你很重要。你个人有过这样的经历吗？

很少能听到这样的观点。我想知道你为什么会得出这样的结论?

人们都爱谈论热点话题,但关键在于如何能够在讨论中保持礼貌、表达尊重。如果你做不到这一点,那么请避免参与到让你暴露本性的话题讨论当中(嗯,比如政治和宗教)。一个政治观点令你厌恶的人,也许明天就是签批你住房抵押贷款的银行经理。永远不要忘记这一点。能够以中立态度对待潜在的争议话题的人,才是出任领导岗位的不二人选。

比起在争论中获得胜利,这样的言语和社交技巧更能帮助你获得良好的声誉。我们的目标是求同(礼貌)存异(坦诚)。继续努力吧,它值得你的付出。

关于如何变得有趣且讨人喜欢,还有最后一点需要注意:因为闲聊本身具有轻量、安全、友好的特点,所以请注意不要用他人的宗教信仰、政治观点、财富状况、性和药物病史或精神健康状况作为有趣的花边新闻进行讨论。同时,不要谈论过于私密的话题,不论这个主题多么有趣。一旦你违背了他人的信任,对方自然很难再相信你。

第 10 章 变得富有吸引力

削弱自我意识的最佳方法

我曾经给一群志愿者主持过会议,他们应征的是一个志愿者的领导岗位,参会的人我一个都不认识。会议开始前,大家纷纷找位置坐下。他们都很安静,只有一个名叫苏珊娜的姑娘向我走了过来,她走到全班同学面前,告诉我自己的叔叔曾在我就读西北大学时与我同校。

好吧!此时她已经做足了准备工作,成功地让我将她归为"*我们*"。当然,我很高兴她能抽出时间来了解我,并且看到我与她的家庭间存在共同之处。接下来,我们看看苏珊娜触发了社交恐惧清单上的哪些内容——几乎每一项都占了,但她还是做到了。

- 她完成了一次自荐(得益于预先挖掘的内部消息)。
- 她将自己置于一群陌生人的注视之下。

- 她获得了"权威人士"（我）的积极回应。

是不是每一条都足以要了她的命？她当时确实移开了视线，脸也泛红了。但想想看，她一定觉得这是个非常有趣的话题，并且会得到他人的赞许。等到了决定管理委员会的时刻，我选择她的概率是不是更高了呢？你觉得呢？

"可是，但是，不过，"你会说，"她没有我这样的社交恐惧症啊。"其实她也有这种顾虑！从小就在自谦的文化环境中长大，她常常感到焦虑。不过现在已经好转了许多。

社交恐惧会令你感到窒息，但并不意味着你不想加入团体当中，参与活动、结交朋友；是恐惧擒住了你，让你没能变成心中那个友善、开朗、善于社交的样子。最终的结果是，你变得害羞、拘谨、冷淡、漠然而乏味——变得对人毫无吸引力。外表冷淡，内心麻痹，两相结合之下，你的社交生活就此停滞。

你是否会害怕：

被介绍给其他人？
成为关注的焦点？
做事时被人注视或观察？
在公开正式的场合讲话？
与权威人士见面？
在社交场合感到不安，认为自己不属于这里？

注视对方的眼睛?

如果你对上面的多数问题给出了肯定的回答,那么我猜你的社交生活会像一座充满痛苦、失败且无法逾越的高山。这不怪你,我不会让你这样走下去。(你知道怎样顺着这条路走下去吗?什么都不做就可以了。保证每次都有效!)

也许此时你会告诉自己:"一旦我能摆脱这该死的社交恐惧,就要走出门去结交新朋友!"但是我的朋友啊,事情并不是这样。只有愉快地交上新朋友,才能让你的社交恐惧慢慢消失。我知道,这不是你想听到的话。但忍耐一下——每次迈出一小步。

第一小步:保持好奇心

如果你能够事先对社交主题进行一些研究,那么我可以保证,你可以找到很多值得探讨的话题。我们来设想一个社交场合。假如你要去古老的教堂参加一场关于"农场牲畜的艰难处境"的讨论。你可以温习一下教会的有关知识,演讲人和组织方的背景知识,以及与农场牲畜问题相关的新闻。花时间在谷歌上搜索一下,你就不会手足无措,傻站在那里一句话也说不出来,只能指望着别人想出值得探讨的话题。你会变成和别人主动搭话的那个人。

你遇到的每个人都知道一些你不知道的事。

有意识地运用好奇心对抗焦虑感,它会让你从"我很别扭"转变为"我感兴趣"。那么,有意识地用倾听代替讲话会有什么效果呢?

女:我喜欢和那个小伙子聊天!一定要请他来参加我们的野餐!

注意,虽然她说的是和那个小伙子"聊天",但我猜一定是对方很认真地听她讲话,而且她注意到了这一点,因为对方:

- 直视着她,在她说话时双方有大量的眼神接触。
- 身体倾向她这一侧,偶尔点点头,表示自己一直在倾听。
- 时而提问,表示自己对她的话题感兴趣。
- 提出后续问题,表明自己对她的话题深感兴趣。

第二小步:带上"手电筒"

想变得更聪明,我们要在你的大脑中找到缓解不适感的方法。想象一下,你手里拿着一个手电筒。如果你的自我感知过于强烈，就好像光直射你的脸一样。周围什么都看不到了，对不对？但如果你把光对准周围的人和事，就能对他们了解得更多一点，与此同时，对自己的关注也会少一点。当你对他人产生了好奇心，自己的情绪就稳定了下来。

在你动身前往集会、联谊或讲座前，记得提前了解一些基础信息，准备好自己希望了解的问题。以及，不要忘记你的"手电筒"。

第 11 章　你想吃点五香坚果吗？

你为派对带去了什么？

汤姆邀请我去参加派对，他住在电报山①上，是一位出版商。出发前，我猜测除了主人之外，派对上会全都是我不认识的人。一般来说，如果情况允许，我去拜访朋友的时候总会带点儿东西。当时正好是圣诞节，于是我提起一篮子五香坚果去了汤姆家。

派对来了很多人，台面上堆满了东西，桌子上铺着盘子、杯子和丰盛的食物，连一个能放坚果的地方都没有了。我站在那里，想找个地方把东西放下，这时有人走过来自己抓了一把。原来他以为我是给大家派发坚果的，于是我干脆真的这样做了。大家都特别喜欢吃！

---

① 电报山（Telegraph Hill），位于美国旧金山东北角的丘陵地形街区。

> 嘿,真不错!
> 你是从哪里拿到这个的?
> 这个真好吃!

对此我的回答是:"哦,真高兴你喜欢。是的,这是我自己做的,我叫克萝尔·弗来明。"他们回答时也会带上自己的名字,然后我们就开始聊天——起初聊坚果,最后往往会聊起别的话题。我向人群走过去时,大家都会朝我转过身来。我提供坚果,他们咀嚼品尝,聊天让我认识了更多的人。直到最后一个人离开,我才把坚果放下。这段与满屋陌生人相处的时光非常美好,当晚离开时我得出了一个重要的结论。

参加派对永远要带去点儿什么!

在你走出家门,离开舒适区参加社交活动之前,心里总会有些担忧。一般情况下会是:

> 我谁都不认识。
> 我完全不知道该说什么。
> 等等。

别想了,不如在离家之前想一想自己要去参加的活动。(可以参考前面第9章中的内容,我们已经讨论了哪些预先准备能够帮助你缓解焦虑感。）你会把自己的预期和心态带到派对上。内心的疑虑会让你走出家门前就注定失败。调动脑前额叶外皮来改变这种心理预期吧。为什么要让这些可怕的预言成真呢？设想一下如果社交进行得很成功，会是怎样一幅好光景。你坐在露天看台上，棒球正对着你飞来，哪种心态更有可能有个好结果呢？"我要抓住这个玩意儿！"还是"哦我的天啊，会打破头的！"，选择权在你自己手里。

是什么阻止了你？也许是你习惯了往最坏的方向想象。这种特质也许在自省时有用（找心理咨询师谈谈），但它一定会妨碍你在社交生活中获得成功。把注意力多放在别人身上，不要集中放在自己身上，这绝对是明智之举。

想要摆脱对社交活动的恐惧心态，我建议你：

参加派对要有备而来。

嗯，这是个新提法。我们都理所当然地认为派对的发起人应当面面俱到地准备好所有东西，是不是？自己的任务似乎就是按时出席，静享美好时光，随遇而安。但是亲爱的，你参加的并不是新奥尔良狂欢节。在现实世界里和普通人相处，你需要体现出自己存在的价值。想想看：

- 你抱着怎样的"*态度*"来参加派对？
- 如何让别人看到自己在积极"*行动*"？
- 你希望表达出什么样的"*肢体*"语言？

想办法在派对上度过一段愉快的时光。

态度取决于个人意图、自我关注程度和个人预期，不同的态度导致了不同的表现，以及他人看待你的不同方式（参见第 8 章"变得更有魅力"）。

以下三点可以帮助你调整出良好的社交态度。

"你在这儿啊！"

假如社交活动中有现成的交谈对象，你多半会感到轻松舒适，但满屋的陌生人确实很容易令你望而却步，恐慌随之而来。如果你头脑中想的全部是"我在这儿啊"，就很容易被孤立感麻痹。治疗这种症状的解药在别人身上。如果你能带着"你在这儿啊"的态度参与其中，注意力自然会扩展到他人身上，对别人的生活产生好奇。还记得手电筒中温暖的光吗？它会把你从孤独中解救出来。

把自己当作"我们"

你觉得别人会怎么接纳你？对这个问题的预判会影响你的行为，当然也会影响别人看待你的方式。作为《行为》一书的作者兼研究人员，罗伯特·萨波尔斯基对此进行了详尽的描述，人们对于你属于"*我们*"还是"*他们*"会有一个基本的判断。判断是在几毫秒内做出的，而且是一种自然而然的潜意识行为。如果你走进去的时候就把自己当作"*我们*",对方会注意到这一点。

把"他们"当作"我们"

似乎总有人能得到他们想要的东西,相信你看到过不少这样的例子。比如那些好心肠的女士总能受到别人的款待。她仿佛早已预判出对方会十分友善,而事实总能印证她的想法。这样的例子绝不在少数。如果想达到目标,你就需要试着提前对社交环境做出友好愉快的预判。借助自证预言①的力量,将陌生人当作"*我们*",想象着他们是一群善良诚恳的人。

做自己就够了

你是否曾有过焦躁不安、举止怪异的时候?和日常放松的状态脱了节,仿佛忘了"自己"原来是什么样子。与此同时,你的理性告诉你,只有当别人看到了真实的你,才会喜欢你。

那是和朋友在一起放松的样子:享受快乐、相互打趣、相互欣赏。

---

① 自证预言(self-fulfilling prophecy),一种心理学现象,指人们会不自觉地按照已知的预言来行事,最终令预言成真。

回忆一下让你感到轻松的社交活动，和某个朋友聊天的时候，你一定身处"*我们*"之中。对我来说，我回忆的是和我的朋友杰相处的感觉。因为当这种感觉产生时，我能够有意识地察觉到，并且能在意识层面将它移植到其他场景中，想象着他也在场。此时我能以更加真实自然的状态参与到派对中，仿佛他就在我身边。

记住，我们都是普通人。

第 12 章　变得更易亲近

无声语言的力量

人们对你说话时的印象主要基于以下三点:

- 你说话的内容
- 你叙述的方式
- 你说话的样子

说话的"内容"很好理解,它包括具体用词,和引用、书写、转述的内容,是能够看到并能加以组织的部分。就人类发展而言,对词语的运用掌握比声音("叙述的方式")和非语言交际("说话的样子")出现得更晚。当然,使用语言是进化的一次伟大胜利。但与此同时,它使我们忽略了声音和个人风采给对方带来的重要影响。

前面我们已经讨论了个人风采的相关问题（参见第8章），这是一种有意识的选择结果。此时，我想把注意力更多地集中在非语言交流上，跟随萨波尔斯基教授的研究成果，我们将探讨无声语言在社会生活中的重要价值。

人类很擅长区分"我们"和"他们"，同时也对给人分出三六九等有着浓厚的兴趣。例如，一个人只需要40毫秒，就可以判断出谁是主导型面孔（目光直视），谁是从属型面孔（低眉顺目）。肢体语言同样能发出信号，虽然并不十分准确——躯体舒展、张开手臂的是主导型的人，躯体瑟缩紧扣手臂、主动隐身在人群中的是从属型的人。人类能够瞬间识别出这些特点。

你看，在讲话内容之外，你还"说"了很多别的东西。

你的声音和肢体在以自己的方式大声呼喊。

于是，我们面对的是一对最为尖锐的对立关系：我们的声音和肢体给人一种畏缩和不确定感的时候，大脑前额叶皮质中行进出的却是勇敢的话语。肢体把缺乏自信的一面暴露了出来，我们只能眼睁睁看着这副不受指挥的躯体带来屈辱。正如威廉·本迪克斯（William Bendix）所说："这是种令人相当厌烦的感觉！"（你可以在YouTube上找到这句话。）

确实如此，从生物学、社会学和心理学等多重原因来看，与陌生人社交感到不适是完全合理而正常的。此外，考虑到人们日常经历的大部分都是以计算机为媒介的社交，双方并不处在同一时空内，也没有声音和非语言信息的交流。除了需要和真实的人进行（任何形式的）复杂交流之外，我们还要应对全球化、移民潮和社会流动性带来的诸多影响。通常而言，交谈双方都希望建立起"*我们*"的氛围，这就需要你释放出一些热情友好的非语言信号。

SOFTEN 原则

人们普遍认为积极的行为是友好交流的表现。如果你能让对方感到轻松而安全，他们会更喜欢接近你，因此，你需要知道怎样才能传递出亲和友善的信号。

亚瑟·瓦斯默（Arthur Wassmer）在《交往》（*Making Contact*）一书中创造性地提出了"SOFTEN"原则，来帮助人们记住如何表达善意。在我们陷入焦虑的时候，有东西可以轻松倚靠，是件很好的事。但在这里要注意，我们是尝试用自己的大脑前额叶皮质来管理更原始的负责情绪管理的大脑。这虽然听上去很简单，但实际是一场发生在大脑皮层内的理性与感性的战争。

具体方式如下，希望它能帮助你更好地管理自己的非言语表达。

微笑（Smile）

"S"即微笑，这一条并不让人感到意外。你最近看过自己在镜子里微笑的样子吗？有时候你以为自己在微笑，实际更像是假笑，甚至更糟。或者你以为自己在微笑，但实际上只是皮笑肉不笑。如果你仔细观察过真诚的微笑是什么样子，就知道整张脸都会向上运动，尤其是眼部周围的肌肉。如果像卡通人物那样只扯动嘴角，看起来就会非常虚伪。自己站在镜子前面看一看，怎样的笑才会给人带来温暖、愉悦的感受。如果更进一步，你可以拿出自己日常的照片（不是那些自拍时摆出的笑脸）研究一下。你可以做到的，毕竟你观察过许多张他人的面孔。第一次见面时，你需要拿出一张真诚的笑脸，这样的表情绝不会被对方忽视。

肢体舒展（Open posture）

肢体舒展是指你需要面朝谈话对象，胳膊和腿不交叠，身体不扭曲，肩膀打开，脚尖对准谈话对象。这样的站姿并不是让你紧绷站直，那样的姿态会很僵硬。我们的目标是表现得更自在：开放、接纳、友善。

身体前倾（Forward lean）

除了面朝交谈对象之外，向对方倾斜或移动身体也能传递出一种感兴趣、正在倾听的感受（联想"船体倾斜"一词，向一侧前倾，尽力做一个优秀的倾听者）。这样的动作表示你在精神和情感上赞同对方的观点。此外，如果你想表达出有所保留的态度，可以稍稍后撤一步或是身体后倾。

在和个子高的人谈话时，如果对方站得腰杆笔直，绝不低头来迁就你，就会给人冷漠和轻蔑的感受。而如果你是个子较高的那个人，如果没人提醒，很容易忽略这件事。在和别人相处的时候，记得提醒自己这一点。

身体接触（Touch）

"T"代表身体接触，这是个比较敏感的话题，尤其对男性来说。对待这个问题，我们需要加倍小心。只有当你认为可以触碰对方的时候才能行动，如果内心有哪怕一点点顾虑，也不要行动。我们都知道，关于身体接触，不同文化和地域之间有巨大的差异，所以你需要警觉一点，预先了解一些相关信息。例如，在美国文化中，人们绝不会亲吻拥抱陌生人。你能够触碰的部位仅限于肘部到肩膀之间。只能接触，不能抓握。既然有这么多限制，我们为何还要讨论这个话题呢？这是因为人们确实需要相互接触，这是一种相当重要的非语言交流，没有什么比这种方式更能建立起人际关系。

建立关系的一个最重要的方法就是握手。不要以为这是件理所当然的事。我向你保证,这个转瞬间完成的交流会给对方留下最初的印象。花些时间学习如何正确握手,是很有必要的(尤其是年轻女性,一定要预先找人练习并得到诚实的反馈。如果你伸出一只软弱无力的手,对方绝不会认真对待你)。

握手时需要起身站立。通常,由女性或地位较高的男性先伸出手。对待男性和女性的握手方法相同。(无论握谁的手,自己的手上都不能沾有刚吃完的鸡翅油。)

伸出手时,用自己的虎口——即拇指和其他手指的分界处——对准对方的虎口,手掌接触。希望你能找个朋友来练习一下。与对方的交流效果,部分取决于你与自己的交流效果,你可以自我预演"你好吗",并且接上自己的名字,与此同时眼睛直视前方,脑海中默念出对方的名字,记得保持微笑。要注意的事太多了,现在知道为什么要求你私下练习了吧。注意观察别人是怎么做的,想象自己与他调换身份会怎么做。这样练习后,真实操作起来效果就会好得多。一旦学会,你就再也不会忘记。

眼神交流(Eye contact)

眼神交流既不是匆匆一瞥,也不是死死紧盯,而是在交谈对象的脸上寻找对方想表达的意思和情绪的视觉线索。每张脸隐藏的信息都足够组成一首别有深意的交响乐,需要我们用心凭借技巧分辨。这也是向他人展示自己的方式——我们不是经常会用"坦率的脸"来形容面部表情比较明显的人吗？

眼神交流能帮助人们在精神上建立联系，它既表明你是个开朗且容易亲近的人，也告诉对方你能够接住对方传来的信息。习惯回避目光的人必须学会接住对方的目光，否则会为你们的关系树立起难以逾越的障碍。

我会在办公室里把访谈内容录制下来，这样访谈对象就可以观察自己在谈话时是什么样子。大家看到自己在说话时总是盯着天花板或膝盖后，总会大吃一惊。我们总以为这是一种有意识的行为，而实际根本不是这样！人完全沉浸在思绪之中时，是无暇顾及自己的面部表情和反应的。遇到这样的人，会让你很不舒服对不对？但那些不敢直视对方眼睛的人根本接收不到这样的信息。这样的状态完全不足以构建起融洽的关系。当你发现自己也有同样问题的时候，可能会大受打击。此时，你或许需要外界帮助来纠正这个习惯。

然而，死死盯住对方，实际传递出的是一种不安感和不确定性。是的，眼神交流也不能过多，死死紧盯是一种攻击的信号，会让对方感到很不舒服。在这一点上，我们与其他灵长类动物有着共同的遗传基因。如果你观察过卢旺达野生的大猩猩就会知道，人们会提醒你避免和大猩猩有直接的眼神接触，尤其是不要与银背大猩猩有眼神接触，否则它们会感觉受到威胁，进而发动攻击。

但眼神交流同样是亲密关系的一部分。你是否注意过，两个相爱的人有怎样的眼神交流强度？他们相互凝视对方的眼睛多长时间？瞳孔的宽度是多少？那是人类所能承受的眼神交流的最大极限。

如果你意识到自己与他人的眼神交流不足，以下有两个选择：

- **有意识地去看谈话对象的眼睛。** 我对此并不持乐观态度。当你完全沉浸在语言交流中的时候，老习惯又会回来。但这种方法多少值得试一试（对着墙说话真的很吓人）。
- **看对方的眉毛或鼻梁。** 盯着这些区域可以近似看作眼神交流，当你想避开对方视线的时候，这个办法能帮你改掉旧习惯。

说到眼神接触的问题，我要提醒你一下，如果你经常向谈话对象的身后扫视，对方一定会察觉到，并且认为你并不是真心想要聊天。这可能会让对方感到受伤或受辱（关于如何脱身参见第 17 章）。与人相处时，要全身心投入。如果你扫视是为了找到另一个聊天对象，周全的做法是把这件事告诉眼前的谈话对象。这时，你可以说些礼貌的客套话，比如：

如果你看到我四下环顾，实际是我在找我的妻子。

我得在玛蒂娜走之前找到她。希望你不要介意我时不时瞟一眼她在哪里。

如果你在我之前发现了新娘的踪迹，请一定告诉我，我好赶紧和她跳舞。我马上就该走了。

我的办公室里存着一些为沟通和公众演讲训练准备的大幅照片，目的是用来锻炼眼神交流。受训者要先看一段材料，然后盯着照片中人物的眼睛说出一个短语。然后换下一张照片，说出下一个短语。

你也可以在家用大幅照片进行练习。是的，一开始确实有点儿诡异，但这样做确实能帮你降低敏感度。更重要的是，你能逐渐改掉讲话时眼神游离或死盯一处的毛病。做到这一点需要坚持，一次性的练习改变不了任何惯常行为。

点头（Nod）

这是指倾听对方讲话时的躯体反应。微微点头能鼓舞对方，表示自己确实在听，理解对方想讨论的内容是什么。完全回避躯体的回应，会使对方感到不适，你看起来会很冷漠，或是一副对别人品头论足的样子，这毫无疑问会将你们的谈话兴趣抹杀干净。

我们来复习一下 SOFTEN 原则：

微笑
肢体舒展
身体前倾
身体接触
眼神交流
点头

很多人都说，SOFTEN 原则让他们开始有意识地注意行为举止，把自己的温暖和善意扩散给周围的人，更少在意他人对待自己的方式，更加警惕自己传递出的友好或不友好的讯号。根据 SOFTEN 原则，你会有意识地：

- 控制自己的一些无意识行为，从而表现出更友好、更善于接纳他人的状态。
- 有目的地进行自我管理，释放出令人感到安全友善的讯号。
- 把"*他们*"变成"*我们*"。

你做得很好。

花些时间观察其他人有怎样的非语言信号，这能帮助你提高对语言之外交流形式的认识能力。在交流中尝试一下这些方法。一旦将它们植入行为记忆，它们就变成了你的。如果你想变得平易近人，请牢记 SOFTEN 原则。如果你是害羞或保守的性格，让对方更容易接近你远比逼迫自己接近对方要好得多。

第二部分

变成流利、轻松且更有魅力的闲聊高手

第13章 嗨，我的名字是……

向他人介绍，尤其是介绍自己

我曾有个名叫琼（Joan）的医生朋友，她不明白为什么别人会觉得她叫约翰（John），而不是琼。我告诉她，因为她向别人介绍自己时说的就是"约翰"。哎……

脑子里想说的话从嘴里出来就变了样，在介绍自己姓名和其他情况的时候，希望你注意一下对方的反馈。如果得到的回应经常是"什么"，多半是需要你再解释一下。

互换姓名是社交初始阶段最核心的内容。即便是在吵闹、干扰不断的环境中，你的声音也要足够清晰。因此你需要尽可能清楚地说出自己的姓名，甚至用重音来强调它。

人们说起自己的名字时，一般会和平常说话的状态一样。但社交场合大多环境嘈杂、宾客言语兴奋，此时的情景和平时有所不同。我知道，咬字格外清晰、语气特别强调确实会让你有些不自然，但我依然建议你这样做。因为相比之下，不断重复自己的名字更显得尴尬。

如果站在对方的角度来看，你有一个"外国"名字，那么更要注意吐字清晰，这点非常重要。从难度上来说，如果"古斯塔沃·古铁雷斯"（Gustavo Gutierrez）听上去和"乔·史密斯"（Joe Smith）没有多大差别，那么"田中京子"和"山崎治彦"就要让西方人感觉陌生得多。我有个名叫杨洋的朋友，她在和美国商界、科学界人士及星巴克服务员打交道时，会自称叫克里斯蒂。这样大家都方便，这是她的处理办法。

另一个办法是事先说明："我的名字可能有些复杂。"然后缓慢清晰地说出来。经过你的提醒，对方在听的时候会格外留神。你还可以给对方举一些例子：

> 对美国人来说，我的名字有点复杂。我叫京子（Kyoko）。我想你一定听过东京（Tokyo）这个地名，我的名字就是京子。

当然，大大的微笑更能帮助对方理解你的意思。

在说出名字之前，你还可以稍微停顿一下，这样会听得更加清楚。

> 我的名字是……安多……京子……

如果你的名字并不复杂，只是不太常见，也可以这样做。

> 我的名字是……雷纳尔多……巴贝罗……
> 我的名字是……乔……格兰特……我是新娘的哥哥。

上面的例子中有三点启发。第一，说"我的名字是……"比"我……"更好。前者会明确告诉对方你介绍的是姓名，对方也能有所准备。而后者可以衔接任何内容：我现在要走了，我很高兴见到你，我很喜欢这些食物等。

第二，姓名前小小的停顿能突显其重要性。说话时稍微暂停，可以表示接下来的内容很重要。如果你只是流水一般把名字说出来，会给人一种内容不重要的感觉，再加上嘈杂的背景声音，对方很可能会听不到重要信息。

第三，名字之外再附加一些信息。在乔·格兰特的例子中，他讲清了关系身份。既然是主动搭讪，自然是多讲一点个人情况更有助于对方找到话题，交流才能顺畅起来。我在前面许多章节中都提到过这一点。因为人们一般很少这样做，但这样做是很有必要的。

在商业聚会中，我们会着重选择与职业相关的内容来介绍。

> 看来我们一时半会儿走不了了，那么让我来介绍一

下自己吧。我的名字是凯西·戴维斯。我开了一家平面设计公司,曾在多个商业委员会任职。请问你是?

你好,我是办公室经理杰克。我就是记录你打卡时间,保证你的支票准时到账的那个人,记得对我态度好一点哦!

这种闲聊的方法是对对方的体谅。在名字之外添加一些别的信息,告诉对方你为什么出现在这里,挑起话题,让聊天顺畅起来。这是一种很礼貌的做法。

关于介绍还有两点需要注意:第一,当别人向你介绍自己时,一定要起身;第二,微笑、握手,保持礼貌的站姿,直到得到明显信号后再进行下一步的行动。这样礼节性的做法既保证了不会举止冒失,也表达出了对对方的尊重和友好,这是与陌生人建立友谊的好方法。美国人以随心所欲的做派而臭名昭著,不要想当然地认为初见对方就可以直呼其名。如果你遇到的熟人从欧洲来,这样做很可能就会出问题。不要让过分热情取代了尊重的位置。关于这方面内容请参见第15章。

专业职称

专业职称只对本行业中的人起到解释作用,但圈外的人是完全无法理解的。我发现这种情况在硅谷从事科技行业的年轻人中格外普遍,当外行人听不懂"数据专家"是什么意思的时候,他们会感到困惑或恼怒。"用户体验设计师"是什么?"增长黑客"又是什么?有人看着你的眼睛说:"我是一个开发。"开发?开发什么?

你可以这样简要地阐明自己的职业:用多数人都能理解的具体术语描述自己平时在做哪些事,或是给某个谈话对象专门准备一套解释方法。我可以拿自己举个例子。

比如,在参加女性健康展览的时候,有人问我是做什么的。我会说自己是个人沟通教练。这时我会停顿下来,让对方去猜。

嗯,语言治疗师?
你的客户是影星吗?
你是在学校工作吗?
是不是像戏剧训练那样?
你能不能治疗结巴?
你指的是公司层面的公开演讲,是吗?

从职业名称怎么能看出我是做什么的呢?于是我学会了这样说:"你知道有人很怕听到自己在录音里的声音吗?我就是帮助他们说得更好,变成更有自信的人。"

如果对方是商界人士,我会说自己是帮助那些"代表公司走到公众面前演讲的人"处理演讲、声音和语言问题的人。如果对方是个 6 岁的孩子,我会问:"你班上有没有不太会讲话的小朋友?我就是帮助他们说得更好的老师。"

你可能发现了其中营销的部分。因为我的工作非常多元化,这些叙述(还有很多)都是完全正确的。我说出来的都是最适合谈话对象理解的部分。

如果你也有类似的困惑,请想一下要怎么完善自己关于职业的描述,才能更诚恳地与对方进行沟通。这里有几点提示:

- 培养自己对语言体系之外的人的敏感性。
- 搭建桥梁,让自己的描述对他人有意义。
- 看看对方究竟是做什么的。

前面我举了自己的例子,其中的用词大部分人都能够轻松理解。你能用这样简单的词语向普通人介绍自己的工作吗?记住,我们是在闲聊,不是在进行技术讲座,你要说得尽量轻巧、简明、清晰。那么,祝你好运。

格雷格:你是做什么的?
珍妮:我是系统分析师。

想象一下格雷格脸上困惑的表情。我们让珍妮重新再来一次。

格雷格：你是做什么的？

珍妮：假如有人想让计算机做一件事，但计算机或软件并不知道自己该做什么。我的工作就是拆分这件事，这样就能告诉计算机要想完成这件事，具体要做哪些小任务。然后我把分析结果交给程序员，他们知道用哪些代码能达到这个效果。

珍妮，做得漂亮。这样简单的描述明显更加友好，双方间建立起了桥梁。这就是闲聊的作用。

电梯推销

"电梯推销"是一种商务活动中常用的自我介绍方式。它是一种高效的营销手段，通常内容很短，一般在30秒左右，80到90个字。其内容包括讲话人的身份、能提供的服务，以及产品或服务的优势。成功的电梯推销需要讲话人用故事或具体描述解释自己能提供的服务，随后以电话跟进。

推销前你需要有所考虑，比如目标听众、市场规模、收入来源、竞争对手、商业模式，以及自己的产品或服务的与众不同之处在哪里。你能想象怎么把自己的工作描述成这样吗？这绝不属于闲聊的范畴。

出于商业目的，电梯推销需要清楚地说出："我在这儿！"相比之下，闲聊更像是在说："你在这儿！"闲聊是：

- 从社交的角度介绍自己
- 欢迎他人来了解你
- 对与他人建立起有意义的联系感兴趣

但是，尽管电梯推销是为了销售，可人们天生还是更喜欢向自己喜欢并信赖的人买东西……而闲聊就是建立信任的方法，所以才值得你学习。

姓名游戏

想变成更有魅力的人吗？那么从现在开始，记住并使用对方的名字。世上没有什么比听到别人叫出自己的名字更吸引人的事了。这说明你在对方的脑海中占据了一席之地。

此外，你是否有过看见一张熟悉的脸，想把他介绍给别人的时候？你是否遇到过看着这张脸，记忆完全空白的时候？我打赌一定有！忘记别人的名字是社交生活中很常见的一件事（衰老带来的耻辱），如果你觉得这件事困扰了你，其实你并不孤单。

有什么办法能让我们记住别人的名字吗？我想是有的。无论如何，你至少能学会怎样从容地处理这件事。我们就从这里说起。当你忘记对方名字的时候，不要脸红，不要扭捏，这样会显得你是个粗心大意的人。这不是什么大不了的事，任何人都会遇到这样的麻烦。对于如何处理好这件事，我有几个例子。在《千禧之交女士礼仪指南》(*Miss Manner's Guide for the Turn of the Millennium*) 中，作者描述了一位心地善良但行为古怪的女士是怎样用一种"哦，我顺便问一下"的口气询问对方姓名的：

你不会碰巧正好记得你的名字吧？

我的朋友琼·明宁格（Joan Minninger）也告诉了我一个医生的例子，此人培养了上千个学生，每次都以一种相当友好的方式问候对方：

你到底是谁啊？

那么，当你在会议中看到有人向你走来，印象十分模糊，对方知道你的名字，你却想不起来她叫什么时，你会说什么？在这种时候，我一般会说：

哦，你好。很高兴见到你。请告诉我你的名字。
见到你真高兴，但我实在想不起你的名字了。
你得帮我一下，我完全想不起你的名字了。

这样说完全没有问题！人们不会生气或恼怒。大部分人都相当友善，相信别人忘记你的名字时你也会这样。

记忆专家提出了很多帮你记忆名字的技巧，这确实是一项需要培养的有用技能。我们来看看他们说了什么。

你要做的第一件事是下定决心，告诉自己要有意识地记住别人的名字。光是"*希望*"自己能记住更多名字是不够的。只有"*决心*"有所改变，才有努力的方向。集中注意力！我们都知道名字会在介绍的开头部分出现。保持警惕，随时准备捕捉这个信息。如果碰面和握手都比较匆忙，导致你没有听清楚对方的名字，你可以说："麻烦再告诉我一次你的名字。"

让对方再告诉你一次，因为对方可能也忘了你的名字。再问一次是告诉对方，我真的很想知道你叫什么。把名字在嘴里多念几次，快速建立起口头记忆。比方说，别人把罗恩·托诺蒂（Ron Tognotti）介绍给我认识，他热情的目光和顽皮的笑容深深打动了我。在这个陌生的名字从我的记忆里滑走前，我拼命想要留住它。

> 哦，我很高兴认识你，罗恩。
> 罗恩，你要不要坐在我们这一桌？
> 罗恩，你退休多长时间了？

如果某个名字非常重要，我会立刻找个东西翻到背面记下来。我还会试着把罗恩介绍给别人，这样我就把他的脸和名字联系起来了。事实上，如果你能把一个人的名字和某个场景联系起来，记忆会更深刻。比方说，如果你遇到我，克萝尔·弗来明，也许你会想象出我在唱圣诞颂歌的场景。①最近我认识了一个叫汤姆（Tom）的人，然后我就想起了那首诗："汤姆，汤姆，吹笛人的儿子，偷跑了一头猪。"于是我幻想出汤姆胳膊下面夹着一头猪的样子。遇到了叫玛丽（Mary）的人？我会在脑海中给她穿上格子呢，把她想象成苏格兰女王玛丽。认识杰（Jay）呢，我会想象着在他的脸上用记号笔画一个大大的"J"，当然，笔是水溶性的。遇到丹尼斯（Dennis）的话，这位朋友是不是牙医呢？我会想象他拿起电钻的样子。还好没有人知道我用了怎样的私人记忆技巧。

如果对方看起来像是忘了你叫什么，一定要想个办法再告诉他们一次。他们很可能会说："当然，我记得你……"他们会欣赏你的这份礼貌的。

介绍别人

有时候你需要为双方进行引荐。当然，这不光是重复双方的名字——需要介绍双方有哪些共同感兴趣的事，或是与你是什么关系，或他们各自的一些情况。（千万不要只介绍名字！）这会引起双方谈话的兴趣。

---

① 颂歌（Carol）一词与作者克萝尔·弗来明（Carol Fleming）的名字相同。

> 乔治，我希望你能来认识一下露西。她负责前台，知道很多熟人的趣事。

这样说可谓是做了好事一桩。乔治会对交流有更多期待，而露西会觉得自己是个有趣的人。当她讲故事的时候，你（如果愿意）尽可以悄然离场，寻找下一个谈话对象。

> 这位是苏珊·格兰特。她开了一家家庭护理机构，而且知道什么样的葡萄酒该配什么样的酒杯。
>
> 这位是杰·维纳。他是律师，也是登山和激流皮划艇运动爱好者。
>
> 这是埃莉诺·艾因霍恩，她是作家、编辑，同时还为无家可归的人缝制睡袋。
>
> 我希望你来认识一下诺玛·沃尔登。她在英联邦俱乐部中相当活跃，游历甚广。
>
> 这是我最喜欢的老师，杰里·坎托。他收藏的爵士乐唱片数量相当壮观。
>
> 这位是我的朋友雪莉·布莱恩特，她来自纽约。上周我去中央公园慢跑的时候正好遇到了她。
>
> 贝蒂·布洛克每天早晨都和我一起步行上班。多年来我们经常一起去魔法剧院看戏。

介绍时要加入一些特别的东西，这能够帮助他们找到相互感兴趣的话题。

先后问题

我们都在电影里看过国王、王后、大臣、平民和仆人，身份是社会结构中一个显著的特征。这种特征同样会体现在介绍环节中：

> 陛下，请允许我向您引荐文莱苏丹①。

这个例子能帮助你记住正式场合中的介绍顺序。你要做的是找到现场中的"陛下"是哪一位。先为地位较高的人做介绍，我一般也会给年长者相同的待遇。如果你要把新员工汤姆介绍给公司总裁爱泼斯坦先生，你需要这样说：

> 爱泼斯坦先生，希望您能来认识一下汤姆·利尔，他是通信部门的新员工。汤姆，这位是公司总裁乔·爱泼斯坦先生，他本人也是通信专家。不知您的那本书写得怎么样了？

下面的例子更适用于家庭环境：

---

① 文莱苏丹，文莱是君主专制政体，国家领袖被称为"苏丹"。

妈妈，这是我的新室友斯科特。他是明尼苏达州人。斯科特，这是我妈妈，多萝西·富勒。

请记笔记：永远把妈妈放在首位。

第 14 章　用餐、饮酒、四处走动

如何四下走动且不失态

昨晚公司的鸡尾酒会上我几乎没怎么看到你,只瞧见你从门口溜进来,朝着最近的暗处走去。你一直站在光线之外的地方,直到发现了餐桌。于是你朝着羊角面包走了过去,过会儿又去拿鲑鱼,然后是饮料。你的纸盘子里堆着鸡翅和乳蛋饼,显然来之前没有吃晚饭。我确实瞥见你站在那里,一手拿着盘子,一手拿着饮料。我心里还在奇怪,两只手都拿着东西,你要怎么吃。你满手拿着吃的,有人来和你握手了。但是,你没有理会,而是一头扎进黑暗中吃东西。过一会儿再看,你已经走了。我不禁想问问你:"你为什么要来参加鸡尾酒会?就是为了吃鸡翅的吗?"

你之所以会来,是因为你觉得"应该"参加社交活动,认识一些朋友。

我们来重新复盘一下这个场景，这次让它有个好结局：你四处走动，结识新朋友（明白吗？这叫"交际"），你依然能得到免费的食物——但这次聊天的时间肯定比吃乳蛋饼要多。

按照下列步骤就可以达到这个效果：

离家之前：
1. 考虑自己的外表是否干净得体，这能让你更加自信。
2. 挑一件有趣的饰品，让别人更容易接近你。
3. 吃点儿东西，这样才有空认识别人，而不是一心为了填饱肚子。

到达现场：
1. 暂停片刻，喘口气。
2. 观察来宾的精神活力和面部表情赋予了他们怎样的吸引力。
3. 调整自己的表情，调动起积极的情绪。
4. SOFTEN原则：微笑，肢体舒展，身体前倾，身体接触，眼神交流，点头（具体参见第12章）。
5. 打开自己的礼貌雷达。
6. 关闭手机，把它放在一边。
7. 心里想着："原来你在这儿！"
8. 看看这里有没有熟悉的面孔，准备好与熟人相认。

9. 需不需要问候一下主人或女主人？如果需要，让他们知道你已经到了。夸奖一下这里的活动或派对，注意言辞简洁。

> 你家看起来真棒。
> 这里的味道真好闻。
> 花很美。
> 来了好多人。
> 你看起来真精神。

10. 即便这里的主人是你唯一认识的人，也不要占用他太多的时间和精力。主人们一般都很忙，他们迎来送往，相互介绍，还要开酒瓶、拿外套，甚至有时得扑灭厨房里的小火。如果这是个私人聚会，他会把你介绍给别人，并希望你们能找到共同话题，这是他的职责，你需要配合他。等你们聊上一会儿后，他就会消失，之后就要靠你自己了。

11. 四处浏览，和不同的人愉快地交流，吃点开胃小菜，为现场祥和愉快的气氛出一份力（这是客人的职责）。

12. 不要排斥认识新朋友。如果你是和朋友一起来的，最好分开行动。我知道，害羞的人总会和朋友坐在一起，但不要这样，你们得分开来四处走动，给别人留出接近你们的空间。你可以时不时地和朋友碰个头，但如果你们一直黏在一起，就失去了遇见新朋友的机会。

假如你看到两个人

你刚在派对上结识了新朋友,聊完之后突然看到另一边有两个人正在讲话。也许你认识他们其中的一个,此时你自然会想加入谈话中。但是,你首先要读懂他们的肢体语言,看看他们是否希望别人加入进来。毕竟,如果谈话气氛非常紧张或私密,你也不希望前去打扰,所以一定要注意观察。他们是不是正在面对面讲话?有没有直接的眼神接触?如果有,说明他们的谈话十分专注,不要贸然闯入。

你可以试着靠近一群热烈交谈的人——这是你期望的状态!即便暂时没有人和你搭话,也不用难过。可能他们上一个话题还没有聊完,没做好结识新人的准备。没关系!忘掉它,去别处走走,这并不是有意针对你的举动。当你和一群人聊到关心的话题时,也会这样抱团。下次再遇到这样的情况,观察一下自己为什么会安静地矗立在一边。你会发现没什么关系,多半是因为这个群体还没有接纳你。耸耸肩,走开就好,没有人会注意到的。

当人们准备好和新人搭话时,你会看到他们调整身姿,不再正脸面对眼前的讲话人。他们的目光开始摇摆,虽然两个人还在说话,但身体和视线明显已经朝向了其他方向。此时正是你靠近的好时候。注意这些暗示,当你和别人搭话的时候,也可以释放出同样的非语言信号。

这是我们每个人天然固有的肢体语言。虽然有意表达出潜意识层面早已知晓含义的手势或表情有些奇怪，但实际情况就是这样。对我们来说，有些情感表露的符号已经很陌生了。也许我们早已把真正的沟通与有意识拼凑出来的语言画上了等号，而不再在意潜意识的非语言微动作了。

∞

看看自己能不能读懂别人的态度。我们是要观察他们说了什么，还是观察他们怎么说的，或是观察他们说话时的样子？心理学家艾伯特·梅拉比安（Albert Mehrabian）曾提醒我们，当对方在情感和态度的表达上模棱两可、自相矛盾的时候，同时分析上述三种沟通方式所传递的含义就显得格外重要。你有没有见过愁眉不展，低声咕哝着"我爱你"的人？你一定明白我的意思了。当不同含义的信息混杂在一起的时候，非语言信息——肢体语言、面部表情和声音语调（都是我们拥有的灵长类动物遗产）往往比语言更加可信。

假设你就是正在交谈的二人其中之一。本来你正集中精力准备"电梯推销"，对方却突然说起自己的狗刚刚过世，或是母亲最近中风——肯定是对他很重要的一些事。此时你只能把推销自己的事放一放，表达同情和理解，闭上嘴巴认真听。这个时候你看到有人走了过来，显然是想打招呼加入你们的谈话，你会怎么做？

你可以选择继续表达同情，故意冷淡地对待走过来的新人：让自己的肩膀更加靠近面前感情脆弱的交谈伙伴，形成一种心理屏障。虽然与新人的距离较远，但也要照顾对方的感受。你可以向他小幅做一个手势，请对方暂且等待一下，比如抬起眉毛微微点头，表示"我看到你了，没有拒绝你的意思，只是眼下我们正在谈论私人话题"。对方会理解的。

这样一来，你所有的注意力就都放在了面前这位朋友身上。这是我们应该为彼此做的事。

还有另一种情形：对方的故事无比漫长，你觉得自己被他完全占据，变成社交的俘虏了。你仍然礼貌地和对方进行着眼神交流，同时身体从面对面的方向挪开，准备好逃走。也许会有人来搭救你，如果你没有遇到能拯救你的英雄，请按照第 17 章中紧急脱身的步骤来操作。

然后再回到第一步。

∽

你看到两个闲聊的人摆出了开放的姿态，于是加入进去，按平常的方式进行了自我介绍。过了一会儿，你发现只有两个人密切交谈，第三个人只能站在那里（不舒服地）听着，那么这个人就需要从中撤离，寻找新的交谈伙伴了。此时这个人会后退一步，用"很高兴和你们聊天"作为正式告别，或是稍稍举杯致意一下，然后赶紧走人。

你一定会问："这样做会不会显得很没有礼貌？"虽然我的回答是"不会"，但我理解你的想法。离开并不是无礼的举动，如果能注意到何时应当离开，大家都会觉得轻松。这样一来，你又可以在屋内四处走动了，可以加入某群人，也可以从中抽离。在网络式的社交活动中，你的目的就是认识更多人，这样做是妥当的。毕竟你也不希望只被一个人困住。

在圣诞晚会上注意观察 CEO 是怎么做的。她和每个人聊天的时间都不会很长，但一定会专注而笑容满面地看着对方，向对方"抛出绣球"（称赞对方，或是发出一阵愉快的笑声），然后把注意力转向下一个人：

真高兴能在这儿遇到你！

见到你丈夫真高兴……你看上去好极了！

苏珊，见到你真好！期待在董事会上听到你的报告。你从没让我失望过！

每一次交流她都全神贯注，保持与对方的目光接触，让对方充分感受到自己的赞许之情。然后她会离开，去和更多的人打招呼，而你作为其中的一员，需要让这个过程体面地结束。不要企图用突发奇想的计划或灵感把 CEO 缠住，此时此刻的时机并不合适。你可以说："下周我想约您谈一下。我有个新想法您肯定喜欢。"这样是没问题的。否则，就像阿尔奇·邦克[①]常说的："闭嘴！"

[①] 阿尔奇·邦克（Archie Bunker），美国情景喜剧《全家福》（*All in the Family*）中的人物，是性格极端偏执的蓝领工人，作为一家之主经常对家人大喊大叫。

CEO的任务就是四下走动，尽量与更多的人打招呼，然后离开。她可能后面还有三场活动要出席——从勤杂工到CEO，每个人都要出席办公室的庆祝活动。如果你碰巧就是勤杂工，可能没办法像上司们社交得那样自信老练，但你可以观察，学着他们的样子试一试。你可以走到经理旁边说："我只想说，我很喜欢自己的工作，真的很感谢你给我的建议。"然后就走开。

用餐，饮酒，不失态

你朝着放满饮料或食物的桌子走去，因为人们都聚在那里。社交聚会上总少不了小吃、点心，这些东西能促进社交顺利进行。一起吃喝的时候，人们的紧张程度会有所松弛（多数灵长类动物都是这样）。但当你格外焦虑的时候，就会吃掉很多东西，这又会让你陷入尴尬的境地。

社交场合的第一条用餐法则：到场前先吃一点儿东西。设想自己在人头攒动的聚会上手托满满一盘食物的场景吧，"灾难"正等着你。你的食物可能会被碰翻，飞溅得到处都是，你可能会把开胃沙司洒到自己身上，或是一位身着白衣的女士身上。如果这些真的发生了，你的心情还能好得起来吗？有时候我就会这样做——鉴于吃东西的危险远高于收益，我只会把食物当作谈资，你也可以这样做。

饮酒也是这样。无论是正式场合还是专业聚会，饮品是用来浅酌的，而不是用来痛饮的。你肯定不希望自己喝到失去意识。社交机会很难得，不要让自己留下无尽的悔恨。你可以始终用左手端杯子，只用右手握手，这样握手时对方就不会有潮湿冰凉的感受。如果练习得当，左手除了端酒杯之外，还能拿个小盘子。（只限于技术高超的派对常客：拇指和食指捏住杯子底部，无名指和小拇指托着盘子，中指放在盘子上面。这确实需要一些练习，但可以把右手完全解放出来。你不再需要狼狈地找地方把东西放下，也避免了食物和饮料倾斜滑动，最重要的是，你再也不用担心自己看上去很愚蠢。）

不要把开胃小菜当正餐。

开胃小菜一般是看上去很诱人的手抓食物，人人有份，除非有特殊说明，通常都不是正餐。如果你的盘子里堆满了这样的食物，看上去就会有些尴尬。

我给你讲个"恐怖故事"——这故事是真的——正好能说明这件事。随我一起看看这次午餐会吧，举办地点在一座私人宅邸里，客厅铺了一块白色的地毯。感觉到紧张的气氛了吗？现场提供意大利美食自助。市长和议会成员模样的政客们都打扮得整整齐齐。有两个男人向对方伸出了手。

就在此时，一个女人小心翼翼地端着满满一大盘番茄意大利面和肉丸想从他们中间走过。好了，时间不能更凑巧（糟糕？）了。两个男人的四只手在盘子下方握住，盘子在空中开始旋转,最后在他们的脚边着陆,食物向下倾洒。想象接下来的 10 分钟是怎样的场景(女人、男人、女主人、地毯)。虽然我们其他人只能同情地摇摇头,但不得不说,现场相当有趣。

社交场合的第二条用餐法则:小口吃。每次只吃一两口就可以咽下的食物。有没有人曾在你满嘴食物的时候和你讲话?场面会非常尴尬。

不要忘记自己出席是为了增加人际交往和社交机会,不是为了食物和饮料。别忘了食物是个很好的话头:

> 那个乳蛋饼看起来很好吃。不知道里面有什么。你尝过了吗?
>
> 哇,这个蛋糕太漂亮了。如果味道能有外观一半的完美就好了。你能看到这里面有什么吗?
>
> 这是我第一次来,没想到有这么多食物。这里的自助餐总是这么丰盛吗?

当然,你最后会想办法摆脱食物的话题,转而讨论起你们共同感兴趣的东西。关于如何推进谈话,后面我还会讲到。眼下,我们只需要先在屋子里转起来。

第15章 礼貌的奥秘

热情，尊重，闲聊

世界各地的礼仪和礼节各不相同。随着人们旅行频率的提高，以及国外移民带来的多样性文化，了解文化实践的相关知识就变得格外重要。无论是哪种文化，闲聊都必不可少，只是重要程度有所不同。本章中，我们会看到这方面的例子。

礼貌的范畴本身就是一本"书"，我并没有"编纂"这本书，但除了各类特殊的文化实践之外，有一点格外需要了解，那就是礼貌的概念。在我看来，礼貌是介于热情与尊重、友好与拘谨之间的摇摆指针。热情显然包含了微笑、身体前倾、使用口头语言、身体接触、相互靠近等。尊重则更加严肃，要保持距离感，言谈举止更加正式。不同文化对指针摆动的幅度有自己的看法，在这个幅度中，他们建立新关系最舒适。如果超出了这个摆动的幅度，会被视为无礼，从而成为"他们"，因此一定要注意对方的习惯。

如果你正处于跨文化社会生活的初始阶段，我有两个建议：

- **做个人类学家**。仔细观察周围的人，无论年纪大小，是男是女，是权威人士还是普通人。如果你能变成一个充满好奇心且不带有偏见的观察者，就能注意到哪些元素构成了积极的互动。
- **善用网络**。了解当地的社会行为习俗。

下面我将举一些文化交流差异的例子，你能从中体会到文化差异有多么明显，以及预先了解这些知识是多么有价值。而我想让你明白，闲聊在世界范围内是多么普遍而重要，只是需要你来探索不同地域的不同呈现方式。想要给对方留下好印象，你必须这样做。多数情况下，只要你能尽全力去了解，就一定会有回报——但我也要提醒你，即便是这样，你仍可能会犯错。

举个例子，有一次，我受邀前往土耳其伊斯坦布尔的一位宗教领袖家中吃晚饭。他的妻子裹得严严实实的，为我们端出一盘又一盘的食物。她一直低着头，也没有说英语。出于礼貌的考虑，我想向她表达一下对食物的赞美之情。但一家之主明显变得很不耐烦，纠正说我只能和他直接对话，他解释道："我们这里的女人没受过教育，也没有文化。"这是很多年前发生的事了，但这样的评价实在令人难以忘怀，是不是？

还有一件令我印象深刻的事：我在旧金山动物园当志愿者，和另一个女人（赞助人的妻子）一起在假山花园里种东西。我们整个下午都在除草、填土、种苗，最后搞得一身脏。结束的时候我说："很高兴和你一起工作，薇薇安。"她立刻鼻孔朝天地纠正我说："是刘易斯太太！"她这样的反应确实是因为我多此一举，不是吗？

不同地域的闲聊

闲聊在不同文化的礼节和形式上有所不同，这是一件相当重要的事，所以你最好能在抵达社交会场前提前了解。

斯堪的纳维亚人、瑞士人和德国人不像美国人这样喜欢闲聊，在这些地区你很难看到欢声笑语的社交场景。他们真的只是为了交流而交流，绝不会为了打破沉默而开口。这并不是因为他们粗鲁，只是因为他们很少聊天。

巴西人和意大利人特别喜欢闲聊，这是被世界公认的，他们认为不好好闲聊几句就直接进入正题是不礼貌的行为。足球是个相当安全的话题，如果你碰巧对此略知一二，那再好不过了。大多数国家的人，包括阿拉伯人在内，都很喜欢闲聊，尤其喜欢与运动和科技小玩意儿相关的话题。俄罗斯人对肤浅的闲谈不感兴趣。在俄罗斯，大家更喜欢"轻松地交谈"。与其聊比赛分数或天气好坏,他们更喜欢深入讨论热门话题。他们很可能一见面就对你说:"让我们来相互了解一下。"此时你可以回答:"来吧!"

亚洲大部分地区的人都很喜欢闲聊,其中包括印度人,他们喜欢问一些社交问题,比如周末或假期计划,除此之外,尤其喜欢了解你的家庭。你也可以问他们相似的问题。你可以表现出对他们家庭的兴趣,也可以聊聊自己印度之行的兴奋之情。这些问题听上去像是在质问,试着将你进行归类(他们确实如此),这样才能搭建起关系网络(他们确实如此),从而建立起信任感。不要涉及种姓制度相关的话题,让话题回到他们的家庭上。

印度尼西亚人可能会问你:"要去哪儿啊?"你可以回答:"Jalan-jalan(四处走走)。"中国人很可能会问你:"吃了吗?"你只要回答"吃了",并且回问对方即可。他们喜欢谈笑。在商界中,双方第一次会面很少会有实质性的成果,主要是为了相互见面,融洽相处。要避免挑起西藏或台湾相关的话题,这些话题很敏感。如果要在这类会面中寻找话题,可以讲讲自己在中国的美好经历,效果很好。

在西非,很多地区对闲聊不甚在意。他们一般会询问一系列问题,如个人健康、家庭、工作等,但都是出于礼貌而发问,你只需要照本宣科地回答,就表明一切都好。

阅读雷沙德·卡普钦斯基(Ryszard Kapuscinski)的《太阳的阴影》(*The Shadow of the Sun*)时,我第一次认识到了非洲的言语仪式，这本引人入胜的书讲述了作者 20 世纪上半叶在非洲旅行的故事。他描述了与加纳人和索马里人初次接触的情景，我们因此得以窥见闲聊跨越时间与文化的特点。为了描述特定时间、特定文化背景下的闲聊场景，我引用了下面的文章。阅读的时候，请回忆一下前面提到的"随口多说一句"对谈话的重要作用，再回忆一下最基本的*"我们/他们"*之分。好了，下面就是故事的梗概。

索马里人分为几大氏族……每个氏族内部分为若干小氏族，有的能分出几十个，小氏族又分出成百上千个亲属团体。这些家族群体内部的合作、联盟和冲突构成了索马里社会的历史。

索马里人从小四海为家，他们或出生在简陋的帐篷里，或是干脆在开阔的天空下来到人世。他们不知道自己生在哪里，也没有任何记录。他们就像自己的父母一样，没有村庄或城镇作为家乡，他们的身份只由他们的家庭、亲属团体和氏族关系决定。两个陌生人相遇时，他们会相互询问："你是谁？"一个人会回答："我是索巴，来自艾哈迈德·阿卜杜拉家族，从属于穆萨·阿拉耶一支，是哈希恩·赛义德部落中的一员，艾萨克氏族的一分子。"听完他的叙述，另一个人也会说明自己的血统、自己的根在哪里。这样的交流很耗费时间，但极为重要。因为双方都在试图判断他们之间关系的远近，确定自己应当与对方开怀拥抱还是拔刀相向。他们之间的关系，无论是相互同情，还是厌恶反感，都没有任何意义，究竟是友好，还是敌对，完全取决于两个氏族目前的关系状况。他们并不以独立的个体人类身份存在，他们的人生与血统捆绑在一起。

毫无疑问，此时判断"*我们*"还是"*他们*"是生与死的考验。

和索马里的朋友相比，我们可以相当奢侈地假设对方抱有善意，但在我看来，我们做的是同样的事情——当然我们伪装得更好，程度也没有那样强烈。

闲聊是两个陌生人之间的桥梁。

这就是闲聊的艺术，它在任何时间、任何地点都会奏效。它的存在是为了在人与人之间搭建起沟通和理解的桥梁，为亲密和关怀奠定基础。

个人主义正在取代早期部落的身份感与文化认同感，这一点在美国尤其明显。这种变化带来的焦虑表现为，不知道自己该说什么，也不知道如何表达自己。这会让你感到苦恼，产生抵触情绪，进而……你知道会变成什么样子。问题的答案其实就是："我非常希望能变成'*我们*'中的一员。你能帮帮我吗？"

第 16 章　男性与女性：交流风格的冲突

"我们"与"他们"的终极困境

这些年来，我对人类交流的复杂性有了越来越深刻的认识。我对意义是如何游离于所说话语之外有了更深刻的认识，人类错综复杂的思维令我着迷。也许最重要的是，我看到了思想是如何精进和改变的。

在接下来的故事里，你会看到一句简单的评论中承载了怎样的情绪，交流不仅是你说了什么，或是你的说话方式，而是你怎样*理解*。

写博士论文的时候，我需要对所有的研究对象进行听觉灵敏度测试（你肯定不感兴趣）。不仅如此，我还需要使用校准设备进行校准，确保仪器得出准确的结果。这一套校准设备中需要一台示波器，而我们研究生院的地下实验室里只有一台示波器，当时一个男博士把它装在了自己的校准设备当中，不肯借给我。我只能等到他用完之后，才能开始我的研究工作。

这时有人告诉我,阁楼里有一台坏掉的老式军用示波器,也许能用。于是我把它拿出来,掸掸灰,拨弄一下……结果这台机器能用了。我特别自豪!这时,一位资深教授 R 教授走过来,发现了这台机器:"嘿,我还以为这东西坏了,是谁修好的?"

"是克萝尔!"另一个学生说。

"哦,看来这台机器也没什么毛病嘛。"他边走边说:"一个女生都能修好。"

第一反应:恼怒!我希望能给他留下好印象,希望他能夸奖我心灵手巧,但他一句也没有说。在全班同学面前,我只感到失望和羞辱。其实我知道他说的是对的——我什么也没做,只是插上插销,打开了电源,但是……

之后过去了 20 年,我完成了博士学位,也结束了在大学中任教的第一份工作,正是在校园中,我开始接触政治话题。当时的主流话题是女权主义,我和一群充满正义感且感到愤懑的女权主义学者一道,尽全力争取性别公正。回想自己的人生,我想在过去的生活中寻找性别歧视的证据。结果让我找到了:R 教授!

第二反应:R 教授是头有性别歧视观念的猪!一切都明了了。我也是大男子主义的受害者。这是赤裸裸的对女性成就的无耻斥责!他有在意过我的耻辱感吗?没有!我告诉你,我们应该在校园日报的头版上对这个恶棍严加批判。这个受迫害的故事多精彩啊，我把这个故事反复讲了好几年。因为这样的遭遇，我获得了许多关注与赞赏。

又过了 20 年，我进一步对人类的交流方式进行研究，对这一场景又有了新的认识。

第三反应：R 教授当年是以一种典型的男性戏谑的方式回应我，它是一种常见于男性之间相互鄙夷的沟通方式。这样说来，他其实是把我当成和他一样的人看待，并假设我能"接得住"这一记刺拳。

我的第三种解释最能够讲得通，这符合 R 教授一贯在实际中对女学生的公正态度，他在用男性之间的对话方式和我讲话。

这个故事告诉我们：讲话风格是理解一切语言交流的关键因素。如果讲话风格没有得到广泛认同，就会带来麻烦。

毫无疑问，男性与女性的说话方式是不同的，这些不同会产生巨大的差异。听听双方痛苦的嘶吼声，你就知道所言非虚。我们以为讲的是同一种语言（"*听起来*"好像是一种语言），但实际上，我们常常为其中的误解感到困扰。

在男性和女性日常交谈的背后藏着一条隐线，它与生物起源相关。在进化的历程中，男性与男性交谈时倾向于占据支配地位，而女性与女性之间的谈话倾向于表现出关怀和保护。对于男女之间常见的风格冲突，人们做了大量的研究。

等级与平等，合唱与决斗

研究两性交流风格差异性的文章有很多，其中最著名的是黛博拉·泰南（Deborah Tannen）的研究。泰南创造了"性别语言"（genderlect）这一概念，用以描述男性和女性不同的谈话方式：没有上下之分，也没有对错之别，只是不同而已。

男性之间谈话的时候，经常会使用让自己占据支配地位的讲话方式。他们会反驳、戏谑和贬低对方。男性似乎对追求地位有着强烈的欲望，因此他们会站在权威或专家的立场上，将自己置于他人之上，并且会泼冷水打击对方。（你听说过"男性说教"[①]吗？）

女性之间的交谈显然不同，她们希望维持平等，淡化权威。女性对交流有着强烈的欲望。她们关注的是自己的话对他人有什么影响，以及建立和维护关系。她们更喜欢微笑，表达出温暖和同情。

生物语言学家约翰·洛克（John Locke）在《决斗与合唱：为什么男性和女性说话如此不同》（*Duels and Duets: Why Men and Women Talk So Differently*）一书中对这个问题进行了探讨。他发现，这些与性别相关的交流行为仿佛是预设好的，目的是对同性产生影响："古代人类的性格之所以如此不

[①] 男性说教（mansplaining），指男性毫无必要、居高临下或恩典式地解释某件事。

同，是因为男性和女性的祖先是以两种截然不同的方式争夺自己所需的物资，因此产生了不同的进化轨迹。"

男性常见的交流法则是："去做那些令人叹服的事——变得强壮、博学、勇敢、足智多谋。"洛克将其称为"*决斗*"。

相对应地，女性群体更注重保持集体的和谐："*合唱*"——在亲密和信任的前提下，双方亲密地进行思想和感情的交流。

泰南同样给男性的谈话方式打上"等级化"的语言标签，给女性打上"平等化"的标签。两性的极点分别是建立支配地位（男性）和维持亲密关系（女性）。你可以想象用横线代表女性追求的平等关系，用竖线代表男性对权势的偏爱。

泰南指出，我们应当把男女之间的对话看作是跨文化沟通，这样才能妥善利用现有知识相互理解，避免争执。这是因为男性和女性分别进化出了增进同性关系的沟通方式，但这并不适用于异性沟通。如果只用对待同性的方式对待异性，不考虑第三种沟通方式，那么必然会在社会环境中发生语言冲突。沟通灾难的发生，恰恰是因为社会的整体文化期望还没有做好进化的准备。

工作中的男性和女性

在职场上，泰南通过观察发现，提早进入这一领域的男性已经在此建立起了男性化的职业交往规范。当女性进入劳动力市场，寻求平等待遇，竞争领导岗位时，猜猜会发生什么？

其实根本不用猜，是不是？

我们一起去书店看看心灵自助区域的书名吧。那里有一整架子指导女性，帮助她们在职场上获得成功的图书。（据我观察，很少有单独针对男性的这类书籍。）

翻开这些书，我发现了一些共同之处：

- 所有书籍都在强调女性应当完善自己的表达内容、表达方式，以及说话时的姿态，也就是说，女性的沟通技巧需要改善。
- 所有书籍都在暗示女性需要自我提升，才能过上"异性恋的白人男性"的生活。（你知道的，没人会直接说出来，但我理解就是这个意思。）
- 所有书都是女性写的，尤其有很多像我这样"教人演讲的女博士"。
- 在我调查的书籍中，95%的文献来源于女性的研究成果。剩下的5%来源于《韦氏词典》（*Webster's Dictionary*）和一些研究机构。几乎没有相关研究成果是来自男性的。

虽然这是我偶尔浏览书店的自助类书架得出的一般性结论，但我觉得这个结论是正确的。女性问题似乎全部是"女性的问题"。简而言之，女性的问题在于，她们说话的方式不像男性。

我自己的咨询工作也能提供佐证。我听到过很多来自女性客户的沟通问题，其中大部分是因为外界认为她们不够自信，不能胜任工作。她们来找我是为了提高能力值。于是我采访了旧金山 35 位首席高管（30 名男性和 5 名女性），向他们提出以下问题："人们普遍认为，女性无法得到公司高层领导职位是因为她们的讲话方式有问题。我正在为女性设计一门高管沟通技巧课程。根据你的观察，你希望培训中涉及哪些内容？"

长话短说，我收到了各式各样的答案（这是一个开放式的问题），得出了以下观察结果：

- 男性认为，女性的问题在于她们的声音和说话方式与男性不同。
- 他们不喜欢女性表现得像男性一样。

这是泰南关于脱离文化期望的女性要付出怎样的代价的看法：

> 如果（女性）使用男性化的讲话风格——果断、自信、为了获得青睐而对成就高谈阔论——那么她就违背了文化对适当行为的期望，需要承担风险，人们会厌恶

她,甚至会揣测她有心理方面的问题。

女性 CEO 的看法证明了我的第一个观点。她们告诉我,当女性的言语表达向小女孩靠拢——比如开心地大喊、高声地尖叫、使用夸张的词汇的时候,得到的反馈尤为消极。

音高问题

普通男性的音高范围是 80~180 赫兹,女性的音高是 165~255 赫兹,儿童的音高是 250~400 赫兹。当男性感到兴奋的时候,声带紧张会使得声音变高。此时如果另一个男性对此表示不屑,他会说:"你听起来像个姑娘似的。"还有比这更糟的吗?!如果你是女性,说话声音比较高,我们可以说:"你听起来像个孩子似的!"现在你知道哪种更糟糕了吧。这在商务或专业领域中绝不是什么加分项。

语速问题

人们常常抱怨年轻的女性说话速度太快。语速快也是情绪兴奋的信号,同样招人厌烦。首先我们要看看情绪兴奋这件事。曾经有一对夫妻带着自己快要读大学的女儿来找我。在他们听来,女儿的说话方式太过孩子气,没有大学生应有的成熟气质。

我的任务是观察并改变她的交流习惯。关于这一点,她并没有意识到自己和朋友打招呼的方式过于夸张热情,也没有意识到自己的音调太高,讲话内容全部是时尚流行词汇(这是典型"谷地富家女"①式的讲话方式)。

我:你和朋友会说一些只有你们才能听得懂的话,这样能增进感情。这确实很有趣,你会觉得自己是圈内人,能获得情感上的支持。这是很正常的事,是一种"合唱"……但如果你未来要进入学术界或商界,这种方式未必是个好的选择。

她:但我就是这么说话的呀!这就是我!每个人都这么说话!

我:是的,现在你面对这群人说话时是这个样子,但未来你可能会变成一个成功的年轻女性。

接下来,我举出一些例子,让她故意用夸张的口吻重复说一遍:

哦,我的天呐!看到你刚一进来我就要开心死了!我太爱你这件衬衫了!太惊艳了!

我为什么要这样做?因为她并没有发现自己说话时是什

---

① 谷地富家女(Valley girl),指家境优越且只热衷于购物打扮的女性。

么样子,这种练习能帮助她意识到现实生活中自己说话的模样。

最后,我们一起设计了一套替代方案:

> 见到你真高兴。我一直都在想念你。你的衬衫真漂亮!

∞

对于那些为了获得更好的职业发展而改变讲话方式的女性,我的建议是:

- 观察自己有哪些表达方式还停留在中学时代——你可能需要帮助,可以考虑找专业的沟通教练。女性在商界和专业领域可以得到很多发展机会,为什么要让高中时选择的表达方式阻碍自己的发展呢?人们讲话的方式多种多样,这取决于你所处的"族群"及谈话的目的。
- 这一点有些难以解释,那就是男性和女性交流时还会传递一些其他信息。这种传递是双向的,只是人们很少去特别注意。如果你觉得有什么不对劲的地方,要相信自己的直觉。我们体内从远古时期继承来的信号系统一直都在运作,如果你是男女博弈游戏中的新手,那么很可能会踩错节奏。如果可以的话,最好请年纪大一些的女性帮你参谋一下。

男性呢？

先生们，如果我说男性遇到的沟通问题也来源于高中时代的圈子文化，你们会感到惊讶吗？你的讲话方式是不是从约翰·韦恩①那里学来的？

声音低，讲话慢，不爱说。

在社交场合，尤其是嘈杂的餐厅里，你低沉的声音往往会被淹没。你试着增加声带的张力以便让对方听清楚，却发现发声器官也是需要训练的。身体强壮的大块头男性一般不希望展现出过多的表达欲，于是只能牺牲讲话的清晰度。关于这个问题，请参见第 18 章。

在我来看，"不爱说"是你不愿意给对方提供闲聊的素材。男性会为这种行为辩护，别人可能对这些闲聊的素材并不感兴趣，觉得这些琐事很烦。但对这个问题的回答不正是本书的主旨吗？去试一试吧，看看对方会有什么反应。

∽

出于兴趣，我在谷歌上搜索了"怎样和女性聊天"。你可

---

① 约翰·韦恩（John Wayne），20 世纪中期活跃的美国著名演员，以西部片中的硬汉形象著称。

能已经猜到了搜索结果：有几百万页教你如何变得更加迷人的内容。但是当我输入"怎样和男性聊天"时，答案大都是女性要展现出包容性。一篇文章建议与男性聊天时，应当：

- 面带微笑并不时发出"咯咯"的笑声
- 害羞地玩头发
- 眨两下眼睛（眨一下显然是不够的！）
- 找个机会触碰对方

得到答案后，我连忙逃离了互联网，在我的客户中，女性最关心的问题核心其实是如何让男性尊重她们，愿意倾听她们的话。你认为上面的建议能帮助她们赢得尊重吗？我之所以提出这个问题，是因为我观察到不止一个年轻女性在向权威人士表达自己的见解时，摆弄着自己的项链，向后撩头发，表现出很腼腆的样子。你认为这里面哪种信号会帮助她占据上风呢？

所以，我要特别提醒年轻的女性：如果你幸运地遇到了帮助你提升领导者气质的职业顾问，一定会听到许多关于吸引力、情绪化和侵略性的话题——所有的标准和要求（主要来自美容行业）都是希望你永远停留在18岁时的样子。如果你照单全收，那就太糟糕了，但如果你全然不理会，也并非明智之举。因此要格外注意。

我要给年轻男性提出的建议是：当你为职业发展锤炼技

能的时候，不要忘了闲聊对你的未来至关重要。没人会告诉你这件事，所以得自己牢记。

前面我们讲了很多沟通问题，但请不要忘记，男性和女性也有很多相似之处（就像你和我也很相似一样），只是各自有不同的性别特征。如果能够超越冲突，我们甚至可以享受这些不同带来的契合感。把你的耳朵放进一间充斥着讲话声的房间里。周围人声鼎沸，有女性的高声尖笑，也有男性的大声哄笑。没关系。闭上眼睛，你听到的是人类声音混合而成的"生物交响曲"，人们享受其中，彼此取悦。叽叽喳喳的聊天声很模糊，但彼此希望表达的善意很清晰。这就是闲聊。

第 17 章 我要怎么脱身？

优雅地退场

有多少人会认为聊到一半中途退场是件令人尴尬的事？大家都举手了？没错，我也是这么想的。

我们需要从一开始就认识到这项工作的艰巨性。闲聊刚开始的时候，我们努力让对话变得积极、友好、热情且对对方有益。我们微笑点头，发出希望对方靠近的信号：

- SOFTEN 原则：微笑、肢体舒展、身体前倾、身体接触、眼神交流、点头（第 12 章）
- ARE 守则：锚定、表达、鼓励（第 5 章）
- 你在这儿啊！（第 2 章和第 11 章）

然后，我们把最初的聊天向对话推进：

- 随口一说（第4章）
- 避免寡言少语（第4章）
- 具有"他者"意识（第10章）

终于……我们来到了离场环节。

结束谈话之所以如此困难，是因为从释放积极的社交信号转向回避或拒绝，会造成心理上的不适感。这个过程的艰难主要在于，需要平衡一些完全相反的信号。

幸运的是，离场和打招呼一样，只是一种仪式化的行为，方法和步骤是可以习得的。当你准备从谈话中抽身时，有三个选项。

调整肢体语言

第一个信号，是要调整自己与对方面对面交谈的体态。你可以转变一下姿势，瞥一眼手表或环顾四周。此时，不适感就开始冒出来了。你可能会觉得，别人都说交谈时看手表是不礼貌的行为。但实际上，这是个复杂而圆滑的动作，为的是给对方留面子。你发出了希望结束的信号，暗示对方主动结束话题。

比如，你瞟了一眼手表。对方发现了，正确理解了这个信号，准备离开。

哦我的天啊，时间真是不早了。我得去找我的妻子了。真高兴能听到你的旅行见闻！

局面成功扭转，对方也可以休息一下了，双方都保全了面子。

表明情况有变

如果对方没接收到上面的信号，你可以提醒他时间已经不早，外面天已经黑了，或是因为某件事你需要离开了——当然，并不是你想离开，但确实情非得已。聪明且负责任的交谈对象会立刻做出体谅的回应。此时，你可以再唤一次对方的名字。人们都希望自己的名字能被对方记住，并且重复说出来。

抱歉，汤姆，我现在得走开一下，还有几个人需要接待。很高兴有机会和你聊几句。

兰迪，真高兴和你聊天。让我来为你引荐几个人。

比尔，很高兴和你聊天。我的妻子在叫我，我得走了。相信我们还会再见面的。

林恩，很高兴见到你。我得去看看孩子们，我们保持联系。

你需要的只是微笑，沿着退场路线优雅地离开。借口不一定都是真的，但起码要令人信服。

明确结束交谈

假设，有人在讲一个非常冗长的故事，或是这个人没有接收到你的暗示，没发现你已经准备结束谈话了，你该怎么办？找到回应他最后一句话的机会，并且明确表示你要离开了。再强调一次，离开的理由未必是真的，但一定要听起来像真的。

> 琼，这真是一次精彩的冒险之旅，真希望能了解更多这样的故事。也许我们以后还有机会再谈，但我现在必须得去看一下保姆了。晚安。
>
> 杰瑞，你可真有意思，但现在我不得不把自由还给你了。我要去找一下我的丈夫，和主人道个别。
>
> 抱歉，约翰逊先生，我要打断一下您的故事了。我得去往停车计价器里多放些零钱，不然车就要被拖走了。我们能不能改天再聚，让我听完这个故事？

（我是不是还得告诉你，如果你用停车计价器当借口，那你真的需要往门口走？当然，这样做的好处是你还可以回来！）

由于你是结束谈话的人,很可能会感觉不舒服。你可以用一种积极的方式表达出自己的意思。回忆一下 SOFTEN 原则,微笑、面朝对方、身体前倾,看着他们的眼睛点头并说出他们的名字,我比较喜欢通过触摸对方的上臂来加强亲密感。你还可以用积极的表述来赞美对方("我真的很喜欢和你聊天")。如果对话很难结束,那么你只能在离开时把告别的话明确说出来。

> 对不起帕特,我没办法听完这个精彩的故事了,我得走了。很高兴借这个机会互相了解。下次有时间再听,到时候见。

第 18 章　你在说话时暴露了什么？

万千声音中你的声音

史前时期，一个人的社会影响力是通过非语言特征和声音高低决定的。实际上，如今和过去也没什么不同。当你说话的时候，全部的精力可能都集中在语言传递了哪些信息上，却很少会注意到自己的说话声音暴露出了什么。但你会注意别人的声音，从这一点就能看出声音的重要性，而人们会根据声音快速做出判断。

想要了解一个人，你肯定需要和对方面对面交谈。正如微软前雇员詹姆斯·法洛斯（James Fallows）所说，波音747是互联网世界必要的补充元素。正因为有波音飞机的存在，各个行业、专业协会、商业团体才有了面对面交谈的机会。生物语言学家约翰·洛克认为：

> 对自我表达——证明自己是诚实、有爱心或是值得

信赖的人——而言，交谈是必不可少的，很多情况下，交谈也是我们唯一能做的事。只要一开口，就会随着语言涌出大量丰富的非语言信息，个人信息也暗藏其中。伴随着语言倾泻而出的非语言行为并不是可有可无的，而是人类这个物种传递信息的首选方式。诚然，发声使我们得以开口讲话，但人们交谈的主要原因，很可能是通过出声进行自我展示，这一动机很可能连参与对话的人都不清楚。

我把最后最关键的部分重复一次：

人们交谈的主要原因，很可能是通过出声进行自我展示。

我希望你能花时间看看上面这句话。你不知道自己的声音中究竟包含了多少东西。

人们对口头交际的印象几乎已经完全被语言劫持了。首先我们要学习阅读和拼写，经过多年的词汇积累、键盘敲打，最终把想说的话以数字信息的形式呈现在网络上。当人们用数字方式交流时，原始的声音和举止行为都留在了进化的沼泽里，只有当我们重新面对面交谈时，它们才会重新显现出来。

只要稍微想想就会知道，人一开口就会把诸多个人信息暴露出来。声音传递出的是你的社会性信息：性别、年龄、地位、智力、国籍、健康状况和自信程度，都在 1 微秒中显露无疑。语言承载着信息，声音承载着你本人。

让我们把你的声音放到派对上听听看——棒球比赛、聚餐之夜、社交活动、酒吧痛饮，什么形式的聚会都可以。在周围声音的包裹下，我们来听听你的声音。

进入社交场所后，花点儿时间听听人们聊天的声音。鼎沸的人声，是由人们接连不断的谈话声组成的"声音交响乐"。在我听来，这嘈杂的声音就是音乐，这是社会互动奏出的乐符。

嘈杂的环境声来自室外车辆、餐厅人流、空调声、音乐声，特别是还有其他人的谈话声。而陌生人之间的社交富于技巧，并且相当微妙，在这样嘈杂的背景音中进行很是糟糕。事实上，这是很多人拒绝参加此类聚会的理由。对耳朵不太好使的人来说，这确实是一种折磨。

在倾听的过程中，我希望你注意以下两点：

- 女性的声音在嘈杂的环境中也会格外引人注目，与此同时，男性的声音往往会被噪声淹没。此时我们得出结论，在嘈杂的环境中，女性的声音更有穿透力。如果你需要在这种环境下发出紧急信息，请使用类似于女性的声音。
- 人们更喜欢听到高低起伏的说话声。平板单调的声音很容易让人分神，尤其是许多单调的声音混合在一起的时候。

现在你知道在嘈杂的环境中要怎样讲话了吧？

为了在这样的环境中更清楚地和人说话，我们有一个适应机制，称为伦巴第反射（Lombard reflex）。这是指在大声喧哗的环境中，讲话人为了提高声音的能听度，会不自觉地有加强声效的倾向。如果想要调整话语和周围噪声的比值，几乎所有人都会调整讲话音量的大小。伦巴第反射调整的不仅包括音量大小，还包括其他声学特征，比如音高、语速、音节长短，以此形成语调高低起伏、吐字清晰的句子。

你刚才说的是什么？可以再说一次吗？

现在我们来谈谈那些嘈杂到需要大声叫喊的时刻，相信我们都有过这样的经历。

琳达：我们公司经常在餐厅聚会，那里很吵，我甚至听不清自己说了什么，更不用说其他人了。每当我试着找人聊天、开始说话，就不得不一遍又一遍重复自己的话，这实在太尴尬了。有时候说到最后我会喊起来，但通常都是不值得再说一次的内容。

德里克：我明白你的意思。经过那样一个晚上，我的嗓子肿得像塞了汉堡。音乐声太大，人们相互交谈，相互尖叫。第二天我的嗓子还是哑的，而我每天都得打很多电话。

让我们先从说话的一方开始（之后，我也会给倾听的人一些建议）。如果对方听不清你的话，要求你重复一次，就靠对方近一点。这样能帮助他们听得更清楚，让他们看清你的脸。当人们听不清声音的时候，可以从面部表情中读懂一些内容。要保证你的脸在光线之下，方便对方看到。如果你还在吃东西，会让倾听者看不清你的脸。

接下来，注意自己的发音——说话时嘴唇和舌头的动作。很多人错误地认为大声说话就是绷紧喉咙。如果这样做，晚上结束时嗓子总会感到疲劳疼痛，声音也会沙哑。与其这样，不如把力气花在发音上。

你可以通过这个练习来理解发音的重要性。我会用两个不同的姓名来说明，喉咙发力其实没有多大作用，注意发声效果却很明显。

首先，第一个名字是格雷戈·格雷（Gregory Gray）。不断重复这个名字，注意念出来的感觉：

格雷戈·格雷。格雷戈·格雷。

注意到自己口腔的发音方式了吗？再试一次，感受喉咙深处抖动发力的感觉。

格雷戈·格雷。格雷戈·格雷。

如果按照"格雷戈·格雷"的发音方式说话，我保证无论在多么嘈杂的场合，无论说话声音是大是小，别人都能听到你的声音。这条法则对绝大多数人都适用。

现在来念温蒂·贝利（Wendy Bailey）这个名字。把这个名字重复几次，感受嘴唇和舌尖运动的位置。试试看：

温蒂·贝利。温蒂·贝利。温蒂·贝利。

对比这两个名字。你是否能感觉到它们使用的是口腔两个不同的区域呢？

格雷戈·格雷。温蒂·贝利。

好的，再试一次。

格雷戈·格雷。温蒂·贝利。

"温蒂·贝利"是一种在多数嘈杂环境中都能听到的发声方式。试着用"格雷戈·格雷"的发声区域念出自己的名字，再用口腔前部的"温蒂·贝利"发声区域试一下。对比二者间的区别，感受口腔前后部不同的发声感受。

接下来不要用喉咙发声，把注意力集中在口腔前部。重复"温蒂·贝利"和"格雷戈·格雷"，感受发声的不同。

此时，在发声练习中添加一些无意义的内容，帮助自己把注意力集中在口腔前部，比如"叽里呱啦"（Zippity doo-dah①）。念得慢一点儿，试着感受自己的声音在辅音间流淌的感觉。能感觉到吗？现在用自己的名字试一试。发音时注意使用"温蒂·贝利"或"叽里呱啦"的方法。

让声音有力度需要不断地练习，但在如今嘈杂的世界中，这份努力是相当值得的。男性应当尤其注意这一点，你们的声音在这样的环境中最难被捕捉到。而你肯定希望别人听到你的声音。

最后一点，说话简短且凝练，传递的信息要让对方易于接收。有时，传统一点的表达也不失为明智之举。看在上帝的分上，千万不要讲一些让人绞尽脑汁才能理解的故事或俏皮话。

∞

如果你要和听力受损的人交谈，即便背景声音没那么嘈杂，以上建议也都适用。对方也处于相当困难的境地，他在想方设法听到你在说什么，想知道正在发生什么。我们都知道，闲聊的话题往往天马行空，这让听觉有障碍的人相当抓狂。当他们还在对上一个话题发表看法的时候，话题可能已经转走了。他们只能常常用微笑和点头来伪装。为了体谅他

---

① 来源于迪士尼的一首儿歌"Zip-a-Dee-Doo-Dah"，歌曲名取自动画电影中女巫的一句咒语。

们的难处，也为了保全他们的尊严，我们可以通过上述方法让自己的表达更加清晰。

记住一点，听觉受损的人会通过视觉加以弥补。因此当你说话的时候，即便你在和另一个人讲话，也要让他们看到你的脸。吐字清晰，说得慢一些也没有什么坏处。

最后一点：为了保证沟通顺畅和表意清晰，我个人不会向噪声发起挑战。如果在这样的环境中，你必须通过说话来维持生计，那就想办法把对方拉到另一个房间、走廊或户外去，减少与环境的对抗。是否需要这样做，完全取决于信息的准确性对你有多重要。也许第二天打个电话会更简单一点儿。

怎样听清别人说什么：集中注意力！

为了在聚会中听清朋友们在说什么，首先，你的大脑要将某个你感兴趣的声音与大量涌进耳朵里的其他混合声音分离开来。无论是周围人们的说笑声，还是背景中飘荡的音乐声，都不能搅乱你的注意力。每个人的声音都有独特之处，你可以通过这些特征在嘈杂的环境中辨别声音。

任何事都有可能干扰人们对谈话的理解。显然，智能手机能轻易分散人的注意力，摆弄其他东西也是一样，看看周围的人是怎么摆弄食物和饮料的吧。如果你确实想要听清对方说什么，保持安静，集中注意力。

第 19 章　怎样把孩子培养成流利、轻松且富有魅力的闲聊高手？

教育孩子

最近我参加了一个家庭圣诞晚宴，参加别人的家族聚会给了我仔细观察人际互动的机会。这是一个多代同堂的富裕家庭，大家聊天、喝酒、吃东西，循环往复。人们热情而善意地相互搭话，叙旧或聊起最近发生了哪些新鲜事，氛围非常舒适。

一个俯身探过玩具堆的年轻人吸引了我的注意力，他说："嘿，伙计们！最近好吗？拼图拼得还顺利吗？"随后他又说："嗨，爷爷！真高兴看到你。你今天看起来精神极了！"然后他转向我："你好！我叫理查德·布罗迪。你叫什么名字？"

这个年轻人只有 12 岁。我不知道他还有什么别的特点和才能，但他坦率的社交风格给我留下了深刻的印象。基于这一点，我猜他会有一个安逸且成功的未来。当然，我不知道他是怎样习得这种社交能力的，只是观察到了他在氛围融洽的家庭聚会上的表现。

对阅读本书的父母来说，你有能力为孩子提供良好的社交尝试机会，鼓励他们迈向社交生活。人在青年时期就可以习得这一技能，理查德就是个很好的例子。如果你也希望自己的孩子像他一样，要怎么鼓励他们呢？

我们先从什么不能做说起。回忆一下自己的童年时代，你一定很讨厌大人们这样说：

> 哎呀，你是不是个漂亮的小姑娘呀？
> 你长大之后肯定是万人迷。
> 漂亮裙子是妈妈给你买的吗？
> 小姑娘，你上几年级了？

最痛苦的，是他们明明站在你旁边，却好像压根儿没看见你一样：

> 他的眼睛和他妈妈一样。
> 我觉得他长得很像他爸爸。你觉得呢？
> 希望我也有这么可爱的小姑娘！
> 你不喜欢卷发吗？亲爱的，你的卷发是从谁那里遗传来的呀？

最后一句是我经常听到的，我不知道我的卷发从哪儿来。大人们总是咧着嘴，好像是在等着我告诉他们。我觉得自己像是猫面前的老鼠一样，只想找个洞藏起来。他们看起来好像挺开心，但我完全没有任何开心的印象。

在这些例子里，孩子不知道该说什么，其实大人也不知道！这样一来，怎么能聊得下去呢？我认为，和年轻人聊天时，我们应该更体贴一点儿。

你的声音

让我尽情幻想一下。假如你刚刚从高中毕业，父母送了你一份特殊的礼物，一盘录有你的声音的录音带。没有其他花哨的装饰，只有你特有的声音。

从出生时的哭声开始，接着是咯咯的笑声和大声的哭喊。一阵不高兴的叫喊声后，是一连串牙牙学语，还有婴儿可爱的喷嚏声。

哦，这是你刚学会的第一个单词（狗的名字）。接着是第二个。你学会把两个词连在一起了。

接下来是小朋友提要求的声音，唱儿歌的声音，大声读书的声音。

录音带的最后是你刚才的毕业致辞，或是你创作的说唱歌曲或对唐老鸭发表的看法。

如果能了解自己声音变化的所有历史，那该是件多酷的事情啊。他们珍视你独特的声音，你说的话对他们很重要。

令我感到困惑的是，人们给婴儿拍了大量的照片，但从没意识到这些小生命的声音有多么美妙。人类啊，你们见证了地球上最伟大的奇迹：人类的声音和语言，在环境文化影响下从虚空中诞生了。对此，应当心怀敬畏。

多年以前，我曾经给一个叫安妮的小姑娘做过语言治疗并录音，这是个患有唐氏综合征的4岁小姑娘。她是个小小的金发美人，散发着魅力和光彩。录音中，我们在看地板上的农场动物照片。安妮逐个叫出动物的名字，模仿它们的叫声。于是，我们有了猪（哼哼），公鸡（喔喔喔），接下来是奶牛。"安妮，奶牛怎么叫呢？"她停顿了一会儿，回答："汪汪！"然后咯咯地笑了起来。怎么回事？她明明知道奶牛的叫声。结果她爆发出一阵爽朗的笑声，说道："大狗！"

安妮是在和她的语言老师开玩笑。哦，天哪，她竟然开了个玩笑。她在地上愉快地打起滚来："大狗，大狗，大狗！"幸运的是，我们把这段录了下来，这是安妮的父母非常喜欢的录音。如今安妮已经不在了，但这段录音对这个家庭非常重要。每当她的父母把录音带拿出来，听到她喊"大狗"的时候，就仿佛她还在身边一样。

从牙牙学语的婴儿，到重重挑战的青少年

接下来，我为你的孩子提供了一些学会聊天的方法（以

及你要如何帮助他们）。

发出声音，观察反应

婴儿 1 个月大的时候，就学会了把头向着熟悉的声音转过去，比如自己父母的声音。注意这个时间点——如果对此你有任何怀疑，请及时向儿科医生咨询。

模仿婴儿发出声音

当宝宝开始出声的时候（大概是 6 个月），就可以开始交流了。如果他说"嗒嗒嗒嗒"，你也可以说"嗒嗒嗒嗒"。微笑着，夸张地发出声音来，表示你很喜欢这么说。宝宝很可能会回应你"嗒嗒嗒嗒嗒"，并且不断重复。这是一个重要的里程碑，不仅有利于语言功能的健全发展，更是亲子关系建立的手段，这显然是沟通的基础。你觉得开心吗？宝宝开心吗？如果你们都开心，说明你做得很对。这是沟通的重要转折点。不一定拘泥于声音，也可以是手势，比如伸手、击掌或碰杯。

帮他们说出想说的话

帮他们描述出感知到的事物。假如，你正抱着蹒跚学步的孩子站在窗前。你发现他看到人行道上有一只狗。此时你可以说："我看到一只狗狗！狗狗来了，它要去散步。我们来说'嗨，狗狗！'。"然后你帮孩子抬起胳膊，向狗挥手："嗨，狗狗！嗨，狗狗！嗨，狗狗！"注意用语简单，不断重复。和狗相关的任何回馈或问题都可以把这个话题延续下去。不管他发出什么声音，都要像夸奖天才一样给予肯定。你的目标是帮他建立起相应的话语体系，不是打击他的信心。

对孩子感兴趣的东西发表评论

多数学龄前儿童都不喜欢沿着"你好吗？""我很好，谢谢，你呢？"的思路展开对话。如果你想和这个年纪的孩子聊天，需要找准切入点。找到孩子关注的东西，发表自己的看法。也许她正在涂色本上涂色？那么就聊聊这本涂色书、这幅画，或是她正在使用的颜色。

也许她正站在那里，四处找着某件玩具。"哇，你有个弹弹环！我也喜欢弹弹环。能给我看看你是怎么玩的吗？"你蹲了下来，看着弹弹环在孩子的手里来回滚动。她玩得不错。然后你说："让我试试好吗？我们把弹弹环放在楼梯上，看看会怎么样。"你可以继续讲自己的看法，语言尽量完整简单，给孩子回应你的机会。尽最大努力让自己保持与孩子相同的语言能力水平，这样的交流对他们来说最舒服。

不要只读书或看节目——讨论一下

给孩子读书或一起看电视，都属于被动活动。如果在这个过程中能找到交流的机会,可以起到鼓舞孩子的效果。阅读中暂停下来,讨论一下插图:"你觉得小女孩被人从睡梦中唤醒会有什么感觉?"电视节目插播广告的时候按下静音,对故事情节展开讨论:"你觉得接下来会发生什么?"

对话是一种需要培养的能力。我可以用我的朋友艾琳·史蒂文斯(Irene Stevens)博士收集的案例来证明这一点。看看同一个孩子在不同年龄段是如何接听电话的。

小孩:你好。
成人:可以请你妈妈听电话吗?

4岁的孩子会说:

妈咪在卫生间。

等到了12岁,孩子会说:

妈妈现在没办法接电话。你可以等一会儿再打过来吗?

17岁的时候,她说的是:

她马上就过来接电话。是的,她正在往这边走,你可以先跟我说说旅行怎么样吗？伦敦怎么样？你们真的去看卫兵换岗了吗？太酷了！你们拍照片了吗？

可以看到，她的对话能力在不断增强。人一般到了青春期才会将这种能力内化，学会怎样交互对话。可是理查德·布罗迪才 12 岁，他是怎么学会的呢？我猜这一定与家庭的教养密不可分，是诚恳健谈的氛围帮助这个（可能有这方面天赋的）年轻人成长起来的。

举办家庭聚餐

孩子到了上小学的年纪时，我建议你养成举办家庭聚餐的习惯。注意，关键是大家都要在场。在这个技术力量空前发达的年代，你需要做出一番努力才能达成这个结果。在家庭成员养成与电子产品相伴的习惯之前，要尽早培养起聚餐的习惯。吃饭的时候不要看电视或手机。这可能是一家人一天中唯一一次面对面交谈的机会。每个人都可以说说自己这一天过得怎么样，即便是最小的孩子也要参与。注意给孩子做出礼貌的示范。想一想，你在打断孩子讲话的时候会说"对不起"吗？

你可以买一本劳瑞·大卫（Laurie David）的《家庭晚餐：与孩子沟通的好方法，一次一餐》(*The Family Dinner: Great Ways to Connect with Your Kids, One Meal at a Time*)。你能从中找到许多关于将家庭晚餐仪式化的建议。

对孩子进行面试

年轻人要学会在学校和工作的面试中展现自我。我认识一个叫布鲁斯的人,他为了和孩子建立起良好的关系,做了很多努力。这些是他从他父亲那里学到的。我要补充一点,因为工作的原因,布鲁斯需要经常离家。

每个月的第一个周日,布鲁斯都会把孩子们逐个叫到办公室,谈谈他们的生活中发生了哪些事。他会问诸如"你觉得幼儿园怎么样?"之类的话题,并把孩子的回答写在黄色的便笺簿上。这些纸条会收进孩子个人的文件夹里。他经常问的一个重要问题是:"你觉得爸爸为你做些什么,能让你感受到我对你的爱?"答案往往令他感到惊讶,而孩子们确实会告诉他应该做哪些事情。

时不时地,孩子们会翻看自己的文件夹,阅读自己曾经说过的话,这种感觉很奇妙。布鲁斯把这些纸条收起来,等到孩子们从大学毕业时交给他们,用这样一种温馨的方式让他们重新认识幼年的自己。

我建议,让他的孩子们反过来向他提问,结果可能会非常有趣。如果能鼓励孩子向成年人提问,可以让这种沟通方式更加完善。我希望孩子们能记录下他的回答。

玩"打恶霸"的游戏

这个练习发生在一对 9 岁双胞胎男孩的家庭餐桌上。两个孩子的父母受过教育，富有爱心，习惯以礼貌和仁慈对待他人。这就意味着，他们进入小学后会被各种侮辱性言辞弄得措手不及。有一个孩子告诉双胞胎之一，说他的脸看起来像是有人在上面吐过，后者震惊而沉默。他感到莫名其妙，而且非常无助，只能僵在了原地："我不知道该说什么！"此时，"打恶霸"的时间到了！

大家在晚餐餐桌上讨论了这件事，每个成员都提供了反击的建议。

> 不，你的脸才像是有人在上面吐过！
> 你干吗老盯着我？
> 谁管你怎么想？
> 操心你自己的事吧！

并不需要多高明的建议，只需要有人支援他反驳回去就可以。这是一种快乐的家庭游戏，孩子们可以在家里尝试不同的选择，包括情感上的、语言上的、行为上的。你难道不希望所有孩子都这样吗？

让他们知道，你是他们的后盾

青少年时期：在这个年纪，你恨不得把孩子们锁进衣橱里，但实际上他们比以往更需要你的支持，此时需要开放的沟通渠道。从童年向成年过渡，对所有动物来说都是件苦恼的事。比如，幼年大猩猩长着白色的尾巴，这是需要成年大猩猩保护的标志。当她长着这条尾巴的时候，可以爬到自己银背大猩猩爸爸的身上，甚至是从他的长脸上滑下来。但随着年纪的增长，这个标记会消失，再爬到爸爸身上时，爸爸只会头也不回地把她背摔扔出去（烦人的孩子！）。

保持家庭晚餐的愉快气氛

你需要说一些鼓励孩子的话。在青少年的早期阶段，孩子的自尊心是相当脆弱的，这时鼓励绝不会造成伤害。在这个时期，即便他打翻了汤、丢了车钥匙、化学考试得了D，或是受荷尔蒙的影响恶狠狠地与你作对，都是为了成长为一个完整且有能力解决问题的人。此时，他们很可能只用"是"或"否"一类的单字回答你的问题，听起来像是要"赶你走"。这就意味着家庭晚餐比以往任何时候都重要，家是一个能为他们提供庇护的地方。让餐桌变成交流和安慰的场所吧。至少要让自己成为可交谈的对象，而且尽量控制住自己，不要"掐死"他们。

要记住，目的是交谈，而不是讨论考试。

爸爸： 今天过得怎么样？
儿子： 还好。

爸爸：你的考试结果怎么样？

儿子：一个 A，一个 B。

爸爸：下次考试是什么时候？

儿子：不知道。

你可能经历过类似的对话，对不对？可能双方的角色你都扮演过。现在我们从这个角度试试：

爸爸：你现在上几年级了？（开玩笑）

儿子：爸爸！我上四年级了。

爸爸：真的？你看着可不止四年级了。我上四年级的时候，我的老师安德森小姐还会教我们玩悠悠球，她的课上我最喜欢的就是这个。你在学校有什么喜欢做的事？

儿子：我想我最喜欢休息时间。

爸爸：哦，我明白你的意思。我也特别喜欢去操场上玩。当时我们玩的是"突破防线"。你们现在还玩这个游戏吗？不玩了？那你们在操场上玩什么？

儿子：我们有个很大的攀登架，我很擅长爬绳梯。我比全校所有人爬得都快。

爸爸：哇哦！听起来可真有意思。我总是很怕高，但你不怕！

这段对话有什么不同呢？那就是爸爸讲述了自己四年级

时的生活，让儿子能和自己轻松地交流。

正确的社交礼仪及其他社会风俗

我们知道，孩子学的是成人教给他们的东西，但他们学到的东西基本都来自看到、听到的东西。他们看到过你是怎样社交聊天的吗？他们是否有机会了解成人生活中的礼节、习俗和礼仪？人在年少时就需要知道，怎样在公众场合举止得体、如何介绍自己、如何在商务午餐中用餐。如果你的孩子未来要从事有晋升等级的职业，一定要优先让他学会餐桌礼仪。很多雇主会邀请应聘者共进晚餐，借此观察对方的用餐礼仪、酒品和沟通能力，并决定应聘者是否适合在公司工作。伙计们，这就是决定性的时刻。你总不会希望在周围人讨论"芝加哥小熊队"[①]阵容的时候，对着一盘洋蓟手足无措。

告诉孩子要怎样握手，怎样有礼貌地接听电话，提醒他们写感谢卡。年轻人并不重视礼节和习俗，因此更需要长久的耐心。如果你不确定自己的礼节是否得体，可以找别人来给孩子做示范。

给他们社交的机会

让他们在活动中施展自己的沟通技能。练习的次数越

---

① 芝加哥小熊队，美国职业棒球大联盟中的一支球队。

多，越有机会学到社交的诀窍。在家中招待朋友时，可以让孩子们也来招待客人。

无论是找工作、与新女朋友的父母见面，还是入校面试，社交技能是年轻人进入成年期过程中最宝贵的财富。只要能够增加孩子社交的舒适度和流畅度，你可以筹划安排任何有益的事，其价值会贯穿孩子的一生。

通往世界和平之路的分歧处理方式

我们生活在一个人际关系和公民信任被不同想法和观点撕裂的历史时期。面对激进观点的时候，也许你会本能地保持低调，也可能会直面争论，一吐为快。

但我想向你推荐第三种方法。

你可以参与讨论，但不一定要获得胜利。维护关系比证明政治观点正确更加重要。有时，在争论中获胜也会付出惨重的社交代价。在公众场合中，在朋友和同事面前获胜会有怎样的后果呢？一定有输的一方，而这个人很可能会等着复仇。

如果这是一场志在必得的讨论，你可以明确并用信息支撑自己的观点——而不是批评或攻击对方的观点。只有文明表述才有可能让对方理解。在这样的氛围中，你对分歧表达了尊重，并从中学到了一些东西，与对方走得更近。如果摒弃了防御或指责的态度，你可以帮助对方从不同的角度来看待问题。如果能采取积极的态度，你会对问题有更深层次的理解。你的接受能力越强，对方会越发坦诚。你也能够了解对方秉承的是怎样的看法和关注点……这也许会让你改变对他们的看法。

为什么这样做很重要？

因为你的孩子在看着你。

给孩子做出榜样，告诉他们如何处理不同的看法，以及如何不让讨论个人化。让我们轻松一点，朝着更加友善、相互尊重、相互倾听的方向走去。如果我们做得还不够好，也许我们的孩子能够做得到。

第 20 章　闲聊和手机，就像油和水

二者永远无法融合

有些时候，你会在某个时间、某个地点遇到某个路过的陌生人，此情此景让你说出了一些隐藏在心底的肺腑之言，这些话你甚至无法和朋友、家人，甚至是心理咨询师分享。这个认真倾听你说话的人从此再也无缘相见。你感到自己宛如一艘深夜航行的船，匿名性让舌头和思想变得无拘无束。你经历了一种意想不到的体验，你发现了自己从未发现的真相。你说出了从未说过的话，自由地把内心深处的碎片想法"用语言组织了起来"，这是你第一次把想法和情绪完整表达出来，对自己有了全新的认识。

更重要的是，你从陌生人口中听到了别人从未告诉过你的事，你们在过去和未来都没有任何联系，因此能格外自由。等到谈话结束时，你已悄然发生了改变——思路更加清晰，头脑更加冷静。"你是从哪儿来的？"你不禁会

好奇。

正确的倾听者让你有机会倾听自己。

正是这样的邂逅,让我有机会受邀前往以饲养夏洛莱牛而著称的英格兰农场。(也许你还记得在第 5 章中,农场主的妻子招待我们聊天时讲起了希特勒。)这一系列丰富的经历全部源于餐厅中的"闲谈"。如果我们两个人都沉浸在手机里,那一切都不可能发生。只有对他人及他们讲述的故事抱有开放的心态,用善意去理解对方,并且放弃主导权,才有可能发生这样的偶然事件。

如今在地铁上,我看到每个人都低头埋在手机里。大家都是全神贯注的模样。我很好奇,如果此时有人在偷东西,会有人发现吗?我只能猜想这些沉迷手机的人一定是在接收重要的信息和新闻推送,关注着股市涨跌,或是紧张地等待着老板的最新指示。但我瞟了一眼邻座女士的手机屏幕,发现她只是在玩消消乐(与此同时,我已经做完了周五的数独,所以我允许自己有一点儿优越感)。

说到互联网,特别是我们的手机,我们对自己的时间和注意力有绝对的掌控权。但我们已经习惯于迷失在数字化的世界里,一天(或一小时)里多次匆匆掏出手机来查看。这样热切的举动让我们失去了什么,为建起这些"隔离墙"我们要付出怎样的代价?就这一问题,我的疑问远远比答案要多。

数字化隔离

智能手机能够在不需要友情的前提下给人以陪伴的幻觉。人们不必为建立一段新关系感到焦虑,不必受人际关系的影响,也没有不适感。再也不用面对不知道说什么、怎么开头、维持谈话,以及退场的尴尬。不需要再和你不喜欢——或是不喜欢你的人假装维持良好的关系。

这些我都理解。多数人在被迫向外界分散注意力、需要对陌生人表示重视的时候,往往会出现恐慌的反应。本书中,我们已经讲了很多关于恐慌的问题。没有任何方法能像智能手机一样立即"治愈"这种焦虑。我们就这样获救了!

大卫·布鲁克斯(David Brooks)在《纽约时报》(New York Times)中说:"智能手机的App会让人养成一些小的行为习惯,如向右滑动或点击喜欢某篇文章时,会短暂地分泌多巴胺。这样一来,当你感到无聊、孤单或焦虑时,就会极度渴望打开App,释放一下多巴胺。只要点击几下,就能免去日常亲密接触中所有的恐惧、无聊、尴尬和不适。"

相信你已经看到了手机对社交恐惧患者的价值,他们极度期望避免真实生活中面对面交谈所带来的脆弱与含混。只要一头扎进手机里,不适感立刻会得到缓解,随之而来的是即时的满足感与压力的缓解。他们又重新夺回了掌控权。

但为此,我们付出了怎样的代价?

你认为与屏幕交流和与人交流效果相同吗?人们已经开

始严肃关注这个问题了。我想每个人都能从这些思考成果中获益。

我正在读最新一期的《洛伦·埃克罗斯通讯》(*Loren Ekroth's Nesletter*)。首页文章的题目是《手机与沟通》(*Cellphones and Conversation*)。我注意到他在文章中大量引用了雪莉·特克尔（Sherry Turkle）倡导人们重新开始交谈的著作。埃克罗斯和特克尔都是人际交流的拥护者，他们会提出这样的问题："现在，等一下！我们到底是在干什么？这是我们想要的吗？手机难道不会像特洛伊木马一样带着我们走向未知的结局吗？"

同时，我还在2017年9月的《大西洋月刊》(*The Atlantic*)上阅读一篇文章——《手机是否毁了一代人？》(*Have Smartphones Destroyed a Generation?*)，文中简·腾格（Jean Twenge）博士试图给出一个答案。她在文章中将这一代人称为"i世代"，这是在iPhone和社交媒体的影响下成长起来的一代人，他们不知道互联网诞生之前世界的模样。她断定千禧年后的年轻人正走在精神健康危机的边缘。

腾格用图标记录了这批青少年的社交生活。扭曲的线条显示"出去找朋友玩""约会"和"性行为"频率骤降，而"更喜欢享受孤独"的线条迅速上升。智能手机变成了一种逃避机制——他们厌倦无聊，但又不想与人接触。于是他们变得越来越孤独，难道你还会对此感到惊讶吗？

技术干扰——技术对人类互动行为的干扰——使人们

丧失了对谈话对象的信任和同理心。它将"与他人的直接接触"（需要付出努力）和"与更广阔的数字化世界相连"（不需要付出什么努力）在人类的意识中分裂开来。

智能手机首先毁掉的是人类的同情心，即便把手机安静地放在桌上，人们彼此之间也不感兴趣。手机中的世界没有人们的共同感知作为基础——也许人们分享了自己的观点，但绝不会站在对方的角度去考虑。这就好像我们站在起点上，拒绝迈出步伐参与任何超出掌控能力的旅程。当然，关于人们追寻的信任感和同理心的价值，在这本以闲聊为背景的小书中显得更为突出。

智能手机的世界，与面对面交谈的世界注定无法融合。

闲聊治愈孤独

听别人说话的时候，用词和表情之间的联系会加深我们对信息的理解，这些内容与讲话人紧密联系在一起。这是只有在真实世界中才会发生的。向对方完全敞开自己——这是唤起同理心的唯一方法。一旦有了信任感和同理心，便能欣赏对方的个性、讲的故事和笑话，以及双方构建起来的友谊。表达出对对方生活的关心，也会获得同样的回应。展示自己人性的一面，营造出小团体的意识，自然会有理解、接纳和肯定的信号出现。

交流当然可以"治愈"孤独。

那么闲聊在其中扮演了怎样的角色呢？闲聊的作用是：提几句这个，再提几句那个，它是一种关于生活中零碎琐事的愉快而没有目的的交流。

在1982年出版的《大趋势》（*Megatrends*）中，约翰·奈斯比特（John Naisbitt）提出："高科技对生活的影响作用越大，人们对身份认同、人际关系、沟通交流和社群意识的需求越高。"该问题在1999年出版的《高科技/广接触》（*High Tech/High Touch*）一书中为更多人所关注。个人生活普遍计算机化的世界，在他看来是"技术中毒"的表现，那是一处人际接触缺乏的地狱，人们只能持续接受技术刺激的不断轰炸。

以任务和事实为导向的"高科技"，其价值在于便捷、迅速、简洁和高效。人们最关心的是自己需要做些什么，如果有某种沟通工具能帮助他们迅速列出待办清单，他们都会全然接受。特克尔指出，最重要的问题是，这种方式是否帮助他们回避了沟通，尤其是那些无法控制走向的谈话，那些需要有目光接触，根据预期、姿态和情绪调整反应的谈话（比如闲聊）。她写道："但正是在这些交谈中，我们才认识了自己是谁。"

与此同时，以得体和信任为导向的"广接触"需要群体与联络，需要与他人建立融洽的关系（比如闲聊）来避免和解决矛盾，让事情向着你希望的方向发展。我想说的是，闲聊是帮助你摆脱孤独、从"技术中毒"中逃离开来的方法。有谁能想到这一点呢？

最后这个例子能够说明，通过闲聊摆脱数字化引发的孤独感、开始真正的人际交往是多么容易的事。

摘自我阅读的早报专栏"亲爱的艾比"（"Dear Abby"）：

> 亲爱的艾比：我在学校喜欢一个男孩子……朋友们知道我喜欢他，她们想让我去和他聊聊。我不介意这样做，但我该说点儿什么？她们希望我能面对面和他说话，但我想发信息，这样我才表现得更像我自己。我该怎么做？——田纳西州伤心人
>
> 亲爱的田纳西州伤心人：你只要微笑着打招呼就好。

就像第 6 章中的里奥一样，这绝对是聪明的做法。

结语　闲聊也许比你想得更重要

也比你想得更好

几千年来，人类极大地扩展了交流的词汇和句法——目前地球上有将近7000种正在使用的语言——但是人类交流的声音、表情和肢体语言究竟有多大程度的改变？那些为面对面交谈而预设的表达模式，又有多大程度的改变呢？

没什么改变。

我再次引用生物语言学家约翰·洛克的话：

> 诚然发声让我们开始交谈，但交谈的主要原因可能是通过声音来展示自己，其动机甚至连交谈者本人都不甚清楚。

洛克的这一断言相当罕见，在围绕社会沟通展开的文献中也没有再发现类似的判断。

你还觉得闲聊是次要的交谈形式吗？想想人们为了面对面一起坐下来而举行的聚会、会议和峰会。在科技手段如此丰富、电子化沟通成为可能的今天，我们仍然坚持在做这件事。直接的人际接触是其他手段所无法取代的。对我们来说，没什么方法能比它更真实地触碰到完整的自我。而当你需要做出重要决定时，你会想要运用所有可以使用的手段。但是，我们不能只将目光停留在这一件重要的事上。以下几点和闲聊同等重要：

- 工作中的同事
- 朋友和家人
- 陌生人
- 所有人
- 你

建立关系

了解同事是一件很有价值的事，其重要性超乎你的预想。当然，你需要熟悉公司中从 CEO 到收发员的职位身份，除此以外，也可以去了解人们工作之外的生活。不一定刻意这样做，而是要留意那些非正式交往中的信息。

假如，有一个新人，劳拉。她谁也不认识，但她会留意发现各种人际交往中的小细节，包括那些并不是说给她听的话。这就是所谓的"偷听",虽然我们对这种收集消息的方法嗤之以鼻,但它确实是非常有价值的。我敢打赌,每个人都曾经无意中听到了对你来说非常重要的事情。

有一天,秘书罗斯安告诉劳拉,明天她要教劳拉如何操作新复印机。现在她得早点儿走,女儿有芭蕾舞演出。于是劳拉写道:"*复印机明天教。女儿要参加芭蕾舞表演。*"这就是人际信息积累的起始点。

你可能会想:"我不该偷听。这可不好。这不关我的事……"但这种想法并不现实,你现在就可以抛弃它了。各种重要信息围着你飞来飞去,如果不加以利用,那是很愚蠢的。如果你能妥善利用它们,人们并不会觉得受到侵犯或冒犯,因为你使用的是对方自愿公开的信息(对话的三角区域)。但要注意,只有在友好的社交状态下才能使用这些个人信息,否则只会让人毛骨悚然。

学完复印机如何使用,劳拉可以问:"演出怎么样?"罗斯安会惊喜于劳拉的关心,带着一点儿小骄傲回答:"哦,非常成功!她在台上就像个小公主!"

此时,劳拉可以把谈话推进一步。"我小时候就喜欢上芭蕾课,但我只是喜欢芭蕾舞裙。我大概上了一年的课。你女儿上了多久——她叫什么名字?——弗兰妮跳舞多久了?"

劳拉可以就这个问题和罗斯安聊上好久。

公开即是可用的。

请注意，这类打开话题的对话有两个特点：

- **对话的三角区域**。找到对方明显感兴趣的话题。
- **提供关于自己的信息**。通过这种方式，你也可以交换自己的信息。

如果你正要迈入自己的第一份工作，希望在一个大组织中获得认可，那么我建议你首先给自己希望结识的人制作迷你档案。除此之外，我会让年轻的客户们：

- 所有工作中的社交聚会都要参加。
- 和别人一起吃饭（不要在自己的办公桌上吃午饭）。
- 多在饮水机边上待一会儿。

通过对一个人的文化背景、家庭价值观、代际、宗教信仰、媒体阅读方式、教育程度和社会经济地位的了解，你会对对方多一些理解，少一些争执。此外，不要羞于袒露自己的这些信息，这有助于别人从多角度来了解你。社交都是这样开始的！

维护关系

老朋友随便聊聊天，没什么特别的目的，但带着友好的善意。我们称之为闲扯、聊天、放松、消磨时光、叙旧——这些都是维持亲密关系的方法。举个例子。

罗伯：嘿，苏茜阿姨，很高兴在家里见到你。

苏茜：我能去哪儿？外面路上都结冰了，我不敢从门口的台阶上走下去。你最近怎么样？

罗伯：嗯，我一般都在啃书，但有天晚上我在学校里遇到一个你认识的人。你还记得瑞秋·康罗伊吗？

苏茜：我不认识瑞秋·康罗伊，是我认识的人吗？

罗伯：你认识的。你还记得那些女童子军饼干都是从谁那里买的吗？

苏茜：什么？那个小女孩！她在大学校园里干什么？

罗伯：小姑娘现在长大了，她上的高中组织她们来学校参观。

苏茜：哦，我的老天爷！真不错！我还记得她，而且我还记得你抢在所有人之前，把盒子里薄荷巧克力味道的饼干全吃了！

罗伯：对不起，苏茜阿姨！我现在还很爱吃。以前，你做的燕麦饼干还没放凉，我就狼吞虎咽全吃掉了。

苏茜：哦，没关系，我知道。我以为里面燕麦片那么多，对你肯定有好处，所以也没当回事。我有段时间没烤东西了，不知道过去哪来这么多时间做这个。

罗伯：你抽出的时间都用来宠坏你最喜欢的侄子了！

苏茜：我想也是。你还没告诉我明年你打算做什么……

苏茜和罗伯究竟在讨论什么？正确的答案是：

我希望你知道我很爱你，关心你，一直想着你。

他们花时间待在一起——我很喜欢这种表达方式——没有别的目的，只是相互陪伴，专注地相处，对所有话语和声音给出反馈，回忆与未来相互交织，唤起共同的记忆，通过倾听和回应建立纽带，随着话题聊下去。

哦，舒适——一起相处难以形容的安全舒适——不需要前后思量，而是把它们统统倒出来，就像它们原本的样子，你知道会有一只忠诚的手来将它们筛选，留下值得留下的东西，用善意的呼吸将其余的吹去。

——黛娜·玛丽亚·克雷克（Dinah Maria Craik），
《一生一世》（*A Life for a Life*）

这样的闲聊相对轻松，一般不会让人感到苦恼。"闲扯"（chewing the fat[①]）此时是一种恰如其分的表达。咀嚼肉类带有一种实用主义的目的和本质。此时我们渴望的不是食物，而是关系的融洽。

[①] 直译为"嚼肥肉"，指随便聊聊，闲聊。

唯一的问题是，想要和那些曾经对你相当重要的人保持联络，你"闲扯"得还太少。有时候，聊天的方式仅限于听苏茜阿姨以"风琴独奏会"的形式向你倾诉最近的看病经历、奶奶邻居家猫的故事，或是叔祖父过去打棒球的故事。你听着，时不时地咕哝一声。总有一天，你也会分享自己生活中重要的那些事，让他们知道你在关心、惦记着他们。这就足够了。

我的生活在不断变化，相信你也是一样，为了维持过去的友情，我会找一些大家能共同参与的活动，以此为契机聚到一起。回忆一下那些过去曾经对你无比重要的朋友。我们是不是应当做些什么来巩固这些友情？他们会让你在这个疯狂高速变化、日新月异的世界里保持完整的自我。

以下是我维护友谊的方式。希望能对你有启发作用，思考自己和重要的亲朋好友之间的关系，以及如何维护这些关系：

- 每年花两个周末去南加利福尼亚拜访好朋友。
- 和爱好音乐的夫妻一起订交响音乐会门票。
- 和另一个朋友去看本尼迪克特·康伯巴奇（Benedict Cumberbatch）上映的所有电影。
- 每月给住在护理室里的姨妈手写问候卡片。
- 和曾经一起吃中餐外卖的朋友一起订戏票。
- 参加国际妇女组织的会议和活动，接触到了一些打扮得体、事业有成的女性，希望能与她们保持联系。

- 和好朋友凯蒂一起参加清唱合唱团，她热爱音乐，但不喜欢到处走动。
- 参加社区合唱，主要是为了和亲爱的朋友们保持联系（鲍勃·吉尔里、高个子的萨利、吉姆·斯图尔特，以及"大胖"）。
- 去健身房锻炼，同班的学员已经逐渐能叫得出名字了，聊聊最近"勇士队"的比赛，分享一两个小道消息。
- 教堂……好吧，对不起，布伦斯牧师，我保证写完这本书马上就回去（周日的早晨，多好的写作时间啊！）。
- 多年在社区公共论坛中积极发挥领导作用，从中收获了无数的友谊，每周都有新鲜事。

我们这群人在相处的时候都在做什么呢？聊天，聊天，还是聊天。互相叫着对方的名字，回忆曾经的往事，分享生活中的困难与成功。

你的清单上有哪些内容？你也在照顾亲友们的感受吗？如果你忽视了他们，人际关系就会恶化。那么，怎样才能让自己行动起来呢？如果你想看电影，那就找个人和自己一起去吧。帮自己养成"和人在一起"的习惯。

倾听

我们可能会认为，倾听比闲聊更不值一提。听别人说话是我们"应当做的事",而不是"想要做的事"。假如你正在阅读声称能教你成为更好的倾听者的书,记得在睡着之前夹好书签。假如是你的老板把你送过来训练"倾听能力"的(能体会到我对这件事的态度了吗?),我会给你一份范本。回家听一听特瑞·格罗斯(Terry Gross)在美国国家公共电台里的采访节目①,再回来告诉我你有什么感受。首先,我会告诉你我看到、听到了什么。特瑞·格罗斯是很好的模仿对象:

- 倾听且回应(倾听者全神贯注,理解对方,有所回应,记住对方说过的话)。
- 倾听且移情(对讲话者予以同情的回应,表明自己正在试图理解对方的话)。

没人做得比特瑞·格罗斯更好。注意观察她是怎样用巧妙的问题引导被采访人,注意她是怎样专注地倾听对方的谈话,并基于此给出反馈——而不是简单地转向下一个问题。她会深入研究对方给出的答案,从而常常从对方的经历中发掘出本人从未意识到的事。

格罗斯致力于挖掘访谈内容背后的情绪——是的,她关注的内容除了事实之外,更多的是情感。她从不炫耀自己知

---

① https://www.npr.org/programs/fresh-air/.——作者注

道的事（其实你知道，她肯定知道很多），而是努力向大家介绍采访对象，让对方感到自己受到了尊重和赞赏。我认为她算得上是一位公认的权威人士，知道如何"降低姿态"来和对方建立良好的关系，并且把对方的地位提升到与自己持平的位置。

试着想一想："此时如果是特瑞·格罗斯，她会说什么？"这样做能帮助你把注意力集中在对方身上，积极地倾听。你不会再出现假装在听，而其实永远以自我为中心的问题，走出自我的局限，走出自我意识。如果能把注意力真的放在"他人的"领域中，你会有完全不同的谈话体验。双方都会因此变得更好。

此时，你已经开始变得富有魅力了。

参考资源

最近读了哪些好书？

经常有人问我有没有书能帮助自己提高闲聊的技巧。当然有，这里我要向你介绍几本我最喜欢的书。

我买过好几本《谈话的力量》(*Conversationally Speaking*)送人，作者是艾伦·加纳（Alan Garner），送的多是些年轻人，也有一些希望读些浅显易懂的指南、直观明了地提升个人社交效率的人。

另一本我最爱的书，唉，绝版了，但你可以在二手书店和网上多留意一下芭芭拉·沃尔特斯（Barbara Walters）的《如何真的和所有人谈所有事》(*How to Talk with Practically Anybody about Practically Anything*)。坦率地讲，在社交谈话方面，没有别的书比这本更好了（除了我的这本书之外）。这是我发现的唯一一本带着同情与善意书写的指南。每一页都带着善良的痕迹，这不是一本教你如何成功的书，而是一本表达善意和体贴的书。书中有很多名人轶事，也有在高级社交圈子中处事的妙招。

还有一本有趣而特别的书叫作《如何与任何人谈任何事》，作者是莉尔·朗兹。这本平装书的副标题是"打破坚冰，从会计师到禅宗佛教徒"。该书目录长达9页，有几百条职业和消遣活动。这本书会教你如何与各行各业不同的专家进行机智有趣的对话，丰富自己的专业词汇和话题。

假设你要去见脊椎按摩师。你可以从中学到这类问题：你们是团队式工作还是独立工作？矫正时需要用到特殊器械吗？还会用到哪些方式？和其他医疗保健人员合作时你有什么经验？行业内部会组织讨论会吗？

如果你知道自己要去见健美运动员、私家侦探、跳伞运动员或是模特，只要从这份清单中挑出一些问题即可，这真是一本极好的小书。为了达到这一效果，我还会推荐朗兹的《遇谁都能聊得开》。

我强烈推荐罗伯特·帕特南（Robert Putnam）、约翰·洛克、雪莉·特克尔、黛博拉·泰南和罗伯特·萨波尔斯基的作品，尤其推荐给那些对小技巧不感兴趣，希望获得更丰富的阅读内容的人。

帕特南的作品关注人类与日俱增的孤独感，人们在社区中获得的有价值的联系越来越少。《独自打保龄：美国社区的衰落与复兴》（*Bowling Alone: The Collapse and Revival of American Community*）是他的代表作，书中指出在时间和金钱压力，以及互联网诱惑的背景下，公民活动参与意愿度降低了，社会资本有所贬值。

约翰·洛克的著作兼具学术性和可读性。他的研究主要针对生物学语言及其在物种中的演进。他发表了 130 多篇科学文章、章节和书籍。近些年来，洛克博士出版了三本重要的人类交流科普读物，这三本书我都强烈推荐：

- 《社会失声：为什么我们不再相互交谈》（ *The De-Voicing of Society: Why We Don't Talk to Each Other Anymore* ）
- 《偷听：一段亲密的历史》（ *Eavesdropping: An Intimate History* ）
- 《决斗与合唱：为什么男性和女性说话如此不同》

雪莉·特克尔的书《重拾交谈：走出永远在线的孤独》（ *Reclaiming Conversation: The Power of Talk in a Digital Age* ）研究了电子设备和网络形象如何重塑人与人之间的联系。该书要求我们深入思考自己渴望的新型关系。

黛博拉·泰南因其对现代生活中语言使用的研究而广受赞誉。她写过几本关于人际沟通和公共演讲的科普读物。她在美国最受欢迎的书包括：

- 《你就是不明白：谈话中的男性与女性》（ *You Just*

Don't Understand: Women and Men in Conversation》

- 《听懂另一半：从沟通差异到弦外之音》(That's Not What I Meant!: How Conversational Style Makes or Breaks Relationships)
- 《朝九晚五中的交谈：工作中的男性和女性》(Talking from 9 to 5: Women and Men at Work)
- 《争论文化：停止美国的口水战》(The Argument Culture: Stopping America's War of Words)
- 《我说这些是因为我爱你：成年后如何与父母、伴侣、兄弟姐妹和孩子交谈》(I Only Say This Because I Love You: Talking to Your Parents, Partner, Sibs, and Kids When You're All Adults)

罗伯特·萨波尔斯基最新的著作是《行为：关于人类最好与最坏的一面的生物学》(Behave: The Biology of Humans at Our Best and Worst)，请允许我引用《纽约时报》上的一段书评："一次心理学和神经生物学任性、固执且权威的融合，以最通俗易懂且彻底的方式对这一复杂主题进行了整合……让我们更好地理解了自己的行为根源来自何处。达尔文看到也会倍感激动。"萨波尔斯基在"*我们*"和"*他们*"的概念界定上做出了重要贡献，向我们揭示了闲聊在增进理解和消除误会中的重要作用。

为了深化对工作沟通重要性的认识，有一本开阔视野的书名叫《棘手的问题：如何让4代人在12个不同的地方一起工作》(*Sticking Points: How to Get 4 Generations Working Together in the 12 Places They Come Apart*)，作者是海顿·肖（Haydn Shaw）。肖提醒我们关注这样一件事：现代职场会出现4代人共同工作的场景：传统一代、婴儿潮一代、X一代和千禧一代——历史和生活经历强烈左右着他们的一些观念，最终形成"棘手的问题"。想要解决这一棘手的问题，关键是要对对方的观点表达出尊重和理解。如何做到这一点呢？通过交流！肖为层级制公司提供了一种有条理地处理棘手问题的方法。

最后，你还可以注册订阅洛伦·埃克罗特（Loren Ekroth）的新闻通讯栏目"更好地沟通"[①]。

请允许我对以上所有作者的成就表达最衷心的感谢。

[①] www.conversationmatters.com.——作者注

参考文献

Alter, Adam. *Irresistible: The Rise of Addictive Technology and the Business of Keeping Us Hooked.* New York: Penguin, 2017.

Brooks, David. "Intimacy for the Avoidant," *New York Times,* October 7, 2016.

Cain, Susan. *Quiet: The Power of Introverts in a World That Can't Stop Talking.* New York: Crown Publishers, 2012.

Carnegie, Dale. *How to Win Friends and Influence People.* New York: Simon & Schuster, 1936.

Craik, Dinah Maria. *A Life for a Life.* Leipzig: Bernhard Tauchnitz, 1859.

David, Laurie. *The Family Dinner: Great Ways to Connect with Your Kids, One Meal at a Time.* New York: Grand Central Life & Style, 2010.

Economist, The. "The Chattering Classes," December 19, 2006.

Ekroth, Loren. *Better Conversations* newsletter (www.conversationmatters.com).

Ferrazzi, Ken. *Never Eat Alone.* New York: Crown Business, 2014.

Ford, Paul. "How to Be Polite: Here's Proof that Good Manners Can Change Your Life," Medium.com.

Fox, Kate. *Watching the English: The Hidden Rules of English Behavior.*

London: Hodder & Stroughton, 2008.

Gabor, Don. *How to Start a Conversation and Make Friends*. New York: Touchstone, 2011.

Gambrill, Eileen, and Cheryl Richey. *Taking Charge of Your Social Life*. Boston: Wadsworth, 1986.

Garner, Alan. *Conversationally Speaking: Tested New Ways to Increase Your Personal and Social Effectiveness*. New York: McGraw-Hill, 1981.

Gray, John. *Men Are from Mars, Women Are from Venus*. New York: HarperCollins, 1992.

Kapuscinski, Ryszard. *The Shadow of the Sun*. New York: Knopf, 2001.

Keltner, D., D. H. Gruenfeld, and C. Anderson, "Power, Approach, and Inhibition," *Psychological Review* 110: 265–284.

Kraus, Bernie. *Into a Wild Sanctuary*. Berkeley: Heyday Books, 1998.

Lang, Marissa. "Smartphone Overuse? It's Someone Else's Problem," *San Francisco Chronicle*, June 22, 2016.

Leonard, Kelly, and Tom Yorton. *Yes, and: How Improvisation Reverses "No, But" Thinking and Improves Creativity and Collaboration*. New York: HarperCollins, 2015.

Locke, John L. *The De-Voicing of Society. Why We Don't Talk to Each Other Anymore*. New York: Simon & Schuster, 1998.

———. *Eavesdropping: An Intimate History*. Oxford: Oxford University Press, 2010.

———. *Duels and Duets: Why Men and Women Talk so Differently*. New York: Cambridge University Press, 2011.

Lowndes, Leil. *How to Talk to Anybody about Anything: Breaking the Ice with Everyone from Accountants to Zen Buddhists*. New York: Citadel Press, 1993.

———. *92 Little Tricks for Big Success in Relationships*. New York: McGraw-Hill, 2003.

Marano, Hara Estroff. "Love Interruptus," *Psychology Today*, July/

August 2016.

Martin, Judith. *Miss Manners' Guide for the Turn-of-the-Millennium.* New York: Fireside, 1990.

Maslow, Abraham. *Motivation and Personality.* New York: Harper and Row, 1987.

Mayer, Robert. *How to Win Any Argument without Raising Your Voice.* Wayne, NJ: Career Press, 2011.

McWhorter, John. *What Language Is (and What It Isn't and What It Could Be).* New York: Gotham Books, 2011.

Meaghan. "Small Talk is a Big Deal: Perceptions of Chit-chat Around the World," *Transparent Language,* April 14, 2014.

Mehrabian, Albert. *Silent Messages: Implicit Communication of Emotions and Attitudes.* Belmont, CA: Wadsworth, 1971.

Menaker, David. *A Good Talk: The Story and Skill of Conversation.* New York: Hachette Book Group, 2010.

Naisbett, John. *Megatrends: Ten New Directions Transforming Our Lives.* New York: Warner Books, 1982.

——. *High Tech/High Touch: Technology and Our Search for Meaning.* Boston: Nicholas Brealey, 1999.

Price, Darlene. *Well Said! Presentations and Conversations That Get Results.* New York: Amacom, 2012.

Putnam, Robert. *Bowling Alone: The Collapse and Revival of American Community.* New York: Simon & Schuster, 2000.

Putnam, Robert, and Lewis Feldstein. *Better Together: Restoring the American Community.* New York: Simon & Schuster, 2004.

Sapolsky, Robert M. *Behave: The Biology of Humans at Our Best and Worst.* New York: Penguin Press, 2017.

Shaw, Haydn. *Sticking Points: How to Get 4 Generations Working Together in the 12 Places They Come Apart.* Carol Stream, IL: Tyndale Press, 2013.

Solnit, Rebecca. *Men Explain Things to Me.* Chicago: Haymarket Books,

2014.

Stutz, Phil, and Barry Michels. *The Tools: Transform Your Problems into Courage, Confidence, and Creativity*. Toronto: Random House Canada, 2012.

Tannen, Deborah. *Talking from 9 to 5: Women and Men in the Workplace*. New York: William Morrow, 1994.

Turkle, Sherry. "Stop Googling. Let's Talk," *New York Times*, September 27, 2015.

——. *Reclaiming Conversation. The Power of Talk in a Digital Age*. New York: Penguin Press, 2015.

Twenge, Jean M. *iGen*. New York: Atria Books, 2017.

Vance, J. D. *Hillbilly Elegy: A Memoir of a Family and Culture in Crisis*. New York: HarperCollins, 2016.

Walters, Barbara. *How to Talk with Practically Anybody about Practically Anything*. New York: Doubleday, 1970.

Wassmer, Arthur C. *Making Contact: A Guide to Overcoming Shyness, Making New Relationships, and Keeping Those You Already Have*. New York: Dial Press, 1978.

Wooldridge, Adrian. "The Network Effect," *The Economist*, January 17, 2015.

关于作者

说回我自己。

如果你把我当作一个"语言病理学家",完全是没有问题的,在西北大学获得沟通障碍博士学位后,这是我从事的第一份职业。也许你的家庭中有患口吃的孩子、有患中风的父母,或者是有天生严重听力障碍或患脑瘫的年轻人。当初在医院附近开设咨询中心时,我确实以为自己这辈子都要与这类病例打交道。

但我的职业发展出现了有趣的转折。与诊断语言和听力问题的工作量相比,我更多接触的是来自医务人员和医院工作人员的就诊需求。我猜测,这可能与我的博士学位有关,也可能与我立即接手的态度有关。对我来说,最大的变化在于放弃了诊断病例类别,开始倾听客户的抱怨。从治疗病人变成帮助客户,从病理学家变成了教练。

最近,我接触到的客户多是希望通过说话给人留下好印象,或是克服自己在做口头报告或会议演讲时的焦虑心理。

很多客户的职业技能并不需要他们拥有清晰的语言表述能力。在管理人员与医生、医生与护士、护士与病人的沟通过程中，有很多不确定因素。通达事理与职业权威的问题隐约可见，社会阶层间的差异性普遍存在。在我之后的职业生涯中，这些问题基本成了我的客户们提出的典型问题；也许你也会对自己的沟通影响力有类似的担忧。

很多关于沟通问题的思考都收录在了我的其他著作中。从个人沟通问题中，我学到了群体沟通的知识。研究生院从未教授过这类知识。当然，也从来没有人看到闲聊的价值。